Die Wissenschaft des Selbstlernens:
Wie Sie sich alles selbst beibringen, mehr in kürzerer Zeit lernen und Ihre eigene Bildung steuern

Von Peter Hollins,
Autor und Rechercheur bei
petehollins.com

Inhaltsverzeichnis

Kapitel 1. Prinzipien des Selbstlernens

Die meisten von uns - oder zumindest unsere Eltern - erinnern sich daran, wie Bildung im 20. Jahrhundert war, bevor die Technologie den Erwerb von Informationen super einfach machte. Wir lernten in institutionalisierten Umgebungen: im Klassenzimmer, im Labor, in der Werkstatt und auf dem Feld. Wir haben vielleicht zusätzliche Fähigkeiten an Berufsschulen oder in Abendkursen gelernt. Wenn man etwas lernen wollte, musste man sich sehr anstrengen. Bedenken Sie, dass Enzyklopädien früher sehr beliebt und weit verbreitet waren - weil es buchstäblich keine andere Möglichkeit gab, Informationen nachzuschlagen oder sich selbst zu informieren. Es fühlt sich fast wie im finsteren Mittelalter an, wenn man sich vergegenwärtigt, wie schwierig es war, sich einfach Wissen anzueignen und zu lernen, wofür man sich interessiert.

In all diesen spießigen, traditionellen Umgebungen entschied jemand anderes im Voraus, was wir lernen sollten, sei es eine Schulbehörde, ein Privatlehrer oder die Familie. Lernen vermittelte eine Beziehung von oben nach unten mit jemandem, der das gesuchte Wissen hatte. Das Selbststudium - in den meisten, aber nicht allen Bereichen - wurde nicht als so legitim angesehen, wie eine Ausbildung von einer bekannten oder anerkannten Quelle zu erhalten. Um einen Beruf zu ergreifen oder in irgendeinem positiven Licht betrachtet zu werden, musste man die richtigen Kanäle durchlaufen und die entsprechenden Papiere erhalten haben, die den Leuten sagten, dass man über Wissen verfügte. Torwächter waren überall und dazu da, einen vom Aufstieg abzuhalten.

Das 21. Jahrhundert hat das alles geändert, Gott sei Dank. Die Selbstbildung ist eine florierende Industrie. Studenten lernen in Eigenregie zu Themen, die früher nur in der Hochschule behandelt wurden, und natürlich weit darüber hinaus. Das Internet hat breite Wege des Informationszugangs eröffnet, die für jeden mit einem Anschluss verfügbar sind. Jemand, der wirklich etwas über Geschichte, Wissenschaft, Kunst, Wirtschaft, Technologie oder Literatur lernen möchte, kann dies mit Hilfe von Online-Quellen zumindest ein wenig umfassend tun.

Studenten können ihr traditionelles Studium ergänzen, oder sie können ihre eigenen Lehrpläne erstellen, die sie dorthin bringen, wo sie sein wollen. Die Business-Titanen, die wir heutzutage verehren, haben nicht einmal die Abschlüsse, die früher erforderlich waren.

Dennoch kann das Selbstlernen wie ein großes Unterfangen erscheinen. In der Tat erfordert es einen höheren persönlichen Antrieb und ein größeres Engagement als in unserer reglementierten Schulzeit, weil wir uns selbst anleiten, wenn wir selbst lernen.

Wir motivieren uns selbst. Wir lernen oft im luftleeren Raum und versuchen, Sinn und Wissen aus Themen abzuleiten, die für uns völlig neu sind. Und wir zweifeln häufig, ob wir es richtig machen.

Dieses Buch zielt darauf ab, einige dieser Probleme zu verringern und Ihnen zu helfen, ein engagierter, entschlossener und agiler Selbstlerner zu werden, egal welche Disziplin Sie wählen. Es wird Sie durch die Schritte führen, Ihre Inspiration zum Lernen zu finden, zu planen, positive Gewohnheiten zu entwickeln und Ihre eigene Ausbildung voranzutreiben. Ich hoffe, dass Sie die Fähigkeiten und Überlegungen, die dieses Buch liefert, für jeden Kurs nutzen können, an dem Sie interessiert sind - und dass es Sie hoffentlich dazu ermutigt, weitere Themen zu finden, über die Sie lernen möchten.

Selbstlernen profitiert von einer Denkweise, die in traditionellen Institutionen nicht immer aufgegriffen wird, die sich aber nicht nur in der Bildung als großer Vorteil erweisen kann. Das ist die Mentalität des *Autodidakten*.

Ein Autodidakt ist, am einfachsten ausgedrückt, ein Selbstlerner. Es ist das, was Sie wahrscheinlich anstreben. Sie machen sich die gesamte Methode ihres Unterrichts zu eigen, vom Anfang bis zum Ende, vom Interesse bis zur Umsetzung. Sie sind bestrebt, mehr über die Themen zu lernen, die sie am meisten interessieren, und sie sind begeistert, neue Themen von Grund auf zu lernen. Sie verwalten alle Werkzeuge, die sie zum Lernen brauchen: Bücher, Videos, Podcasts, Online-Kurse und sogar „Feldforschung". Ein Autodidakt fühlt sich wohl mit der Vorstellung, dass er Lehrer und Schüler ist, oft sogar gleichzeitig.

Jeder kann Autodidakt sein - es gibt keine Einschränkungen hinsichtlich Alter, Geschlecht oder Herkunft. Alles, was erforderlich ist, ist die Bereitschaft, aktiv neues Wissen zu erlangen und dies mit einem anspruchsvollen, bewertenden Verstand zu tun. Der Autodidakt wird von einem starken Wunsch angetrieben, sich Intelligenz anzueignen und ist am erfolgreichsten, wenn er sich konzentriert und gut geplant darum bemüht. Ein Autodidakt ist besonders effektiv, wenn er über ein starkes Gedächtnis verfügt und sein eigenes Studium außerhalb der formalen Bildungseinrichtungen steuern kann.

Dies ist eine Fähigkeit, die kultiviert werden muss. Es ist nicht einfach, vor allem am Anfang, aber mit dieser Denkweise können Sie Ihr Selbstlernen auf die nächste Stufe bringen. So sind Sie in der Lage, in neues Wissen einzutauchen und ein Expertenniveau zu erreichen, auch wenn Sie sich durchkämpfen müssen.

Traditionelles Lernen vs. Selbstlernen

Wir alle haben eine gewisse Erfahrung mit institutionalisiertem Lernen, und es ist wichtig, dass wir sie haben. Einige von uns haben vielleicht gute Erfahrungen in der Hochschule und der Universität gemacht, andere haben sich vielleicht abgemüht. Wir alle mussten durch die traditionelle Schule gehen, weil sie den Grundstein für unser Erwachsenenleben gelegt hat, egal ob wir Musterschüler oder Rebellen waren.

Dennoch gibt es einige Elemente der traditionellen Bildung, die als Hindernisse für echtes Lernen betrachtet werden könnten. Diese Elemente sind nicht *immer* negativ, und dass sie Hindernisse sind, hat viel mit dem Schüler selbst zu tun. Aber mehrere angesehene, gelehrte Persönlichkeiten - einschließlich Mark Twain und Albert Einstein, beide legendäre Autodidakten - haben sich skeptisch über die Grenzen der traditionellen Bildung geäußert. Auch wenn ihre Kritik nicht immer pauschal zutrifft, ist sie in bestimmten Fällen durchaus berechtigt und ein legitimes Argument für die Selbstbildung.

Sie ist psychologisch einschränkend. In einer traditionellen Ausbildungsumgebung wird von Ihnen erwartet, dass Sie immer aufmerksam und punktgenau sind. Die meisten, wenn nicht sogar alle geistigen Ressourcen müssen für die Themen eingesetzt werden, die man lernt, und zwar in einem Ausmaß, dass man sich schuldig oder unverantwortlich fühlen könnte, wenn man sich nur ein paar vernünftige Minuten Freizeit gönnt. Wie können Sie den gelegentlichen zweistündigen Film genießen, wenn Ihnen eine Chemieprüfung im Nacken sitzt? Das ist eines der vielen Probleme mit einem Einheitsansatz.

Sie nutzt oft Angst als Motivator. Wenn Sie nicht fleißig lernen und nach den Standards Ihrer Schule oder Universität Erfolg haben, haben Sie angeblich keine Zukunft. Schon als Kinder wird uns gesagt, dass wir mittellos und erfolglos enden und ein schreckliches Leben am Rande der Gesellschaft führen werden, wenn wir nicht den Anforderungen der traditionellen Schule folgen - wenn wir nicht 18 Jahre lang den Kopf einziehen, hart arbeiten und einen Abschluss machen.

Das Problem bei der Verwendung von Angst als Motivator ist, dass es schlichtweg nicht funktioniert - wir werden gleich erklären, warum. Sicher, Kinder mögen Motivation auf viele andere Arten nicht verstehen, aber es gibt tatsächlich *andere* Möglichkeiten.

Sie schränkt die Kreativität ein oder zerstört sie sogar. In der Schule macht man, was man gesagt bekommt. Sie haben keinen Spielraum. Ihr Studiengang wird für Sie ausgewählt. Ihre Texte sind vorgegeben. Ihre Materialien, Laborexperimente und Hilfsmittel kommen alle von vorbereiteten Listen, von denen Sie nicht abweichen können. Es gibt nur eine Antwort. Meistens gibt es auch nur eine Methode. Ihnen wird gesagt, dass Sie Probleme und Fragen auf eine bestimmte, spezifische und festgelegte Art und Weise angehen sollen. Selbst wenn Sie ein Konzept durch kreatives Denken und selbständiges Nachforschen besser verstehen können, wird von Ihnen erwartet, dass Sie sich anpassen. Die sich daraus ergebende Frustration führt dazu, dass man sich entweder vom Thema abwendet oder überhaupt nichts lernt, meistens sogar beides.

Sie macht engstirnig. Ivy-League-Colleges verdienen ihren guten Ruf. Aber seien wir ehrlich: Sie schaffen oft eine soziale Hierarchie, die darauf basiert, wer die richtigen Kanäle durchlaufen hat und wer was verdient hat. Das ist natürlich nicht nur auf hochrangige Universitäten beschränkt. Die Kultur, die einen Großteil der traditionellen Bildung umgibt, sagt, dass es wirklich nur einen Weg gibt, und das ist der Weg, den sie genommen haben; jeder andere ist illegitim. Wie kann jemand den gleichen Job machen wie ich, wenn ich einen Bachelor of Arts in Soziologie von

einer vierjährigen Universität habe? Nun...
ziemlich einfach, eigentlich.

Sie behindert sogar das zukünftige Lernen.
Nach 20 Jahren zwangsgefütterten Lernens
- zehntausende von Stunden Vorlesung,
Lesen, Studieren und Anhäufen von Fakten
- ist man fast darauf konditioniert, nicht auf
andere Weise zu lernen. Sie können sich
nicht vorstellen, dass es überhaupt einen
anderen Weg gibt, geschweige denn, dass
Sie in der Lage sind, ihn selbst zu
bestimmen. Sie glauben, dass Lernen darin
besteht, zu sitzen und aufzunehmen und
diese Aufnahme dann zu demonstrieren.

Viele sind Studenten, die vom
institutionellen Lernen so ausgebrannt sind,
dass das letzte, was sie nach ihrem
Abschluss tun wollen, ist *irgendetwas* zu
lernen. Manche Studenten sind so
ausgebrannt, weil sie ihre Nasen in
Lehrbüchern vergraben haben, dass selbst
die Aussicht auf Freizeitlektüre zum Spaß
sie abschreckt. Wenn man ein ganzes
Viertel seiner Lebensjahre damit verbracht
hat, die Strapazen einer strengen
Bildungseinrichtung zu ertragen, kann das

den Blick auf die gesamte Bildung in der Zukunft verzerren.

Diese Fehler des institutionalisierten Lernens sind nicht allgemeingültig und sollten nicht als Ausrede dienen, um das Studium abzubrechen. Aber sie veranschaulichen einige der psychologischen Barrieren, die eine traditionelle Ausbildung verstärken kann, und können erklären, warum es schwierig sein kann, die Informationen, die wir in der Schule lernen sollen, zu behalten. *Es wird einem gesagt, wofür man sich interessiert und wie man denken soll.* Das ist einfach keine nachhaltige Formel für Engagement und Wissensspeicherung.

Im Gegensatz dazu birgt die Selbstausbildung einige potenzielle Vorteile, die sich im Rahmen der traditionellen Ausbildung nicht unbedingt ergeben. Sie können von großem Nutzen sein - nicht nur für Ihre persönliche Intelligenz und Ihr Selbstwertgefühl, sondern auch für Szenarien in der „realen Welt".

Sie können so tief in ein Thema eintauchen, wie Sie wollen. Alle institutionalisierten

Schulkurse sind endlich. Sie können nicht alles über ein bestimmtes Thema abdecken, weil sie an die Zeit gebunden sind. Aber beim Selbstlernen müssen Sie sich nicht an einen strengen Lehrplan halten. Es gibt keine Grenzen für das, was Sie lernen können, und Sie können viel tiefer in Ihr Thema einsteigen, als Ihr Hochschul-Professor Zeit dafür hatte.

Sie gehen in Ihrem eigenen Tempo, und Sie sind nur durch Ihre Motivation und Disziplin begrenzt. Sie können Ihren Schwierigkeitsgrad selbst bestimmen. Beim Selbstlernen müssen Sie nicht aufhören und können so weit und so schnell gehen, wie Sie wollen. Oder Sie machen das Gegenteil: Sie lernen ganz bewusst in Ihrem eigenen Tempo und nehmen sich die Zeit, die Sie brauchen, um ein Thema vollständig zu verstehen. Beide Szenarien sind völlig in Ordnung.

Sie können sich auf lebenslanges Lernen einstellen. Ihr Hochschul-Abschluss muss nicht der Endpunkt Ihrer Ausbildung sein, doch genau so sehen es viele Studenten. Mit Selbststudium können Sie Gewohnheiten, Fähigkeiten und Interessen entwickeln, die

Sie auf das Lernen für den Rest Ihres Lebens vorbereiten, indem Sie Ihr Fachwissen in einem Thema vertiefen und mit den neuesten Entwicklungen Schritt halten. Bei der traditionellen Bildung geht es um Lesen und Wiederkäuen. Sicherlich ist dies nicht der beste Ansatz, um im Leben mithalten zu können, und es gibt andere Ansätze, die vorteilhafter sein können.

Sie können Fächer mit einer anderen Perspektive studieren. Die meisten Hochschulabsolventen sind auf einen bestimmten, begrenzten Karriereweg festgelegt. Sie studieren mit einem bestimmten Ziel und haben vor Augen, was sie mit ihrem neu erworbenen Wissen anfangen sollen. Selbst wenn sie in ihrem Fachgebiet erfolgreich sind, kann ihre Position in Zeiten des schnellen Wandels unsicherer werden, da von Arbeitnehmern erwartet wird, dass sie mithalten und mehr über verschiedene Themen wissen als früher.

Zum Beispiel: ausschließlich Geschäftsjapanisch zu lernen, anstatt es im Alltag zu verwenden. Die Verpflichtung zum Selbstlernen gibt Ihnen die Oberhand, weil es Ihnen erlaubt, mit breitem Zweck, verschiedenen Zwecken oder gar keinem Zweck zu lernen. Das ist ein krasser Gegensatz zum Lernen innerhalb von Vorgaben, die auf eine bestimmte Perspektive ausgerichtet sind.

Sie können Selbstdisziplin entwickeln. Ihren eigenen Kurs in der Ausbildung zu bestimmen, erfordert Planung, persönliches Management, Engagement und Ausführung. Wenn Sie diese Fähigkeiten selbst entwickeln können, werden sie sinnvoller, als wenn jemand anderes versucht, sie Ihnen aufzuzwingen. Der Aufbau von Selbstdisziplin ist eines der nützlichsten „Nebenprodukte" der Selbsterziehung, weil sie sich in allen anderen Bereichen Ihres Lebens anwenden lässt.

Sie können sich neue und einzigartige Möglichkeiten erschließen. Wahrscheinlich hatten Sie während Ihres Studiums keine Zeit für all die Dinge, die Sie lernen wollten - Sie waren auf einen bestimmten Studiengang festgelegt und konnten nicht allzu sehr davon abweichen. Beim Selbstlernen können Sie all die Interessen und Leidenschaften aufgreifen, die Sie in der formalen Ausbildung vielleicht zurückstellen mussten. Sie können auch Fachwissen in neuen Fächern entwickeln, die Ihr Karrierepotenzial erweitern könnten.

Studien haben gezeigt, dass Menschen im Durchschnitt fünf bis sieben Karrieren im Laufe ihres Lebens haben. Werden Sie durch Ihren Mangel an Selbstlernfähigkeiten eingeschränkt sein oder werden Sie in der Lage sein, nahtlos von einer Karriere zur nächsten überzugehen?

Die Lernerfolgspyramide

Die Vorteile des Selbstlernens sind ziemlich überzeugend, und ich bin der festen Überzeugung, dass es jeder tun kann. Aber wie bei allen Unternehmungen im Leben funktioniert das Selbstlernen nicht mit einem Schalter, den man einfach anknipsen kann. Am besten ist es, wenn eine mentale und emotionale Vorarbeit geleistet wird, die Sie auf den Erfolg vorbereitet. Und natürlich hat ein hilfreiches Buch wie dieses noch niemandem geschadet.

Der legendäre College-Basketballtrainer John Wooden war auch ein scharfsinniger Philosoph, der die „Pyramide des Erfolgs" entwickelte. Er verstand sie als ein Diagramm, das Studenten durch 15 verschiedene „Blöcke" auf dem Weg zum Erfolg in ihren persönlichen und praktischen Unternehmungen führen sollte.

Woodens Modell wurde von mehreren anderen übernommen, die versuchten, Fahrpläne für Erfolg oder Leistung zu erstellen, darunter die Pädagogin Susan Kruger. Sie entwickelte die *Lernerfolgspyramide*, die die notwendigen Elemente identifiziert, die man mitbringen muss, um ein Leben lang erfolgreiches Lernen zu gewährleisten. Mit Bedacht hat Kruger die Anzahl der Blöcke auf drei reduziert, statt der 15 von Wooden:

• Vertrauen

• Selbstmanagement

• Lernen

Vertrauen. An der Basis von Krügers Pyramide steht die Selbstüberzeugung, dass wir lernen *können*. An dieser Voraussetzung

22

führt kein Weg vorbei, womit die Gehirnchemie etwas zu tun hat.

Wenn wir Informationen jeglicher Art erhalten, wandern sie das Rückenmark hinauf zu den neuronalen Netzwerken des Gehirns. Der erste Teil des Gehirns, der diese Informationen erhält, ist das emotionale Zentrum - noch vor den analytischen oder interpretierenden Teilen. Wie schon vorhergesehen, verursacht dies einige Probleme in unserem täglichen Leben. Die Aufgabe des emotionalen Zentrums ist es, festzustellen, ob die erhaltenen Informationeneine Bedrohung für unsere Sicherheit darstellen.

Wenn dieser Teil des Gehirns eine Bedrohung wahrnimmt, dann entzieht er dem Rest des Gehirns chemische Ressourcen, um mit der Bedrohung fertig zu werden. Sie kennen das natürlich als die *Kampf-oder-Flucht-Reaktion*, bei der unser Körper in Erregung versetzt wird, um körperlichen Schaden auf die eine oder andere Weise zu vermeiden.

Das emotionale Zentrum unterscheidet nicht zwischen physischen und persönlichen Bedrohungen, was bedeutet, dass es Beleidigungen, harsche Kritik und Verurteilungen mit demselben Alarmniveau wahrnimmt wie eine Faust, einen Bärenangriff oder einen entgegenkommenden LKW. Es reagiert auf eine Gefahr für unser Wohlbefinden, und um das zu tun, hortet es die Chemikalien, die wir normalerweise für andere hirngesteuerte Aktivitäten verwenden würden - zum Beispiel für das Lernen.

Jemanden durch Drohungen oder Vorwürfe zum Lernen zu motivieren, ist also nicht nur ineffektiv - es ist unmöglich. Wenn sich jemand verletzt oder misstrauisch fühlt, oder wenn er mit Depressionen, Stress, schwierigen persönlichen Problemen oder Angst zu tun hat, hat er keine Ressourcen mehr, die ihm beim Lernen helfen.

Deshalb ist es wichtig, ein echtes Gefühl des Vertrauens zu entwickeln, dass wir die Fähigkeit zu lernen haben. Wenn es Ihnen in diesem Bereich schlecht geht, seien Sie nett zu sich selbst und unternehmen Sie Schritte, um Ihre Lernfähigkeiten zu bestätigen. Sie haben bisher alles in Ihrem Leben von Grund auf gelernt. Vielleicht haben Sie das Gefühl, unwissend zu sein oder nicht gut genug zu sein - und das mag wahr sein, aber es ist nur ein vorübergehender Zustand.

Es gibt kein einziges Thema, das Sie mit Ausdauer und gelegentlicher harter Arbeit nicht verstehen können. Nehmen Sie sich vor, nicht aufzugeben. Machen Sie Pläne, *wie* Sie lernen werden. Seien Sie nachsichtig mit sich selbst, wenn Sie viel Zeit brauchen, und markieren Sie Ihre Fortschritte, wenn Sie vorankommen.

Wenn am Ende des Regenbogens ein Topf voller Gold auf Sie wartet, Sie aber nicht glauben, dass Sie dem Regenbogen folgen können, scheint es sinnlos. Der Vertrauensaspekt des Lernens ist es, der es möglich macht, dass Sie dieses Buch überhaupt zu Ende lesen werden.

Selbstmanagement. Die nächste Stufe in der Lernerfolgspyramide ist die Organisation der eigenen Zeit, Ressourcen, Werkzeuge und Kommunikation, um effektives Lernen zu gewährleisten. Und wieder einmal wird dieser Prozess davon bestimmt, wie unser Gehirn die eingehenden Informationen verarbeitet.

Nachdem unsere emotionalen Zentren mit der Verarbeitung neuer Informationen fertig sind, ist der nächste Gehirnteil, der die Daten empfängt, das Frontalhirn oder der präfrontale Kortex. Dieser ist so etwas wie unser persönlicher Assistent: Er kümmert sich um Motorik, Gedächtnis, Sprache, Problemlösung, Impulsregulation, Sozialverhalten und eine Reihe anderer kognitiver Fähigkeiten. Wenn das Frontalhirn erschöpft oder ausgelaugt ist, erleben wir eine Müdigkeit, die uns daran hindert, etwas zu erledigen.

Dies ist als Ego-Erschöpfung bekannt (Dies wurde vor kurzem bis zu einem gewissen Grad widerlegt. Dennoch ist es ziemlich unbestreitbar, dass Sie umso müder werden, je mehr Sie um die Ohren haben, und entsprechend weniger Aufmerksamkeit und Anstrengung Sie in die Dinge stecken, die vor Ihnen liegen).

Der beste Weg, diesen „Brain Drain" zu bekämpfen, ist die Arbeit an den Fähigkeiten des Selbstmanagements, insbesondere der Organisation. Das bedeutet einfach, dass man sich vor jeder Aufgabe viel Zeit nimmt, um Systeme,

Routinen und Handlungen einzurichten, die es einfacher machen, die Aufgabe kontinuierlich auszuführen. Vorbereitung ist oft der entscheidende Unterschied zwischen Erfolg und Misserfolg, daher ist es wichtig, nichts zu überstürzen. Dies ist eine Fähigkeit, die vielleicht geruht hat, da es in der traditionellen Ausbildung nur darum ging, einen strengen Zeitplan einzuhalten. Aber da wir gleichzeitig Schüler und Lehrer sein müssen, können wir es uns nicht leisten, dies zu vernachlässigen.

Für den Selbstlerner bedeutet dieser Prozess, dass Sie sich selbst und Ihre Materialien so organisieren, dass das Sammeln von Informationen, das Lernen, das Verstehen und das Testen des Gelernten erleichtert wird. Wie werden Sie Ihre Lesezeit planen? Welche Ressourcen werden Sie nutzen, um Ihren Fortschritt zu verfolgen und festzustellen, wo Ihre Wissenslücken sind? Wie werden Sie das Gelernte produzieren - schriftlich, per Video, in einem Projekt oder auf andere Weise?

Stellen Sie sich diesen Schritt wie eine Art Laborbericht vor. Bevor ein Wissenschaftler mit einem Experiment beginnt, schreibt er seine Hypothese (oder was auch immer er erreichen oder beweisen möchte) und die Methoden und Materialien auf, die er verwenden wird, um zu seinen Schlussfolgerungen zu gelangen. Nach jeder Phase seines Experiments hält er die Ergebnisse fest und gibt an, welche Anpassungen er für zukünftige Versuche vornehmen muss. Am Ende schreibt er die Gesamtergebnisse auf und erklärt, was die Schlussfolgerungen tatsächlich bedeuten.

Wenn Sie diese Denkweise auf das Selbstlernen anwenden, bedeutet dies, dass Sie sich zu Beginn einen Rahmen schaffen, der detailliert festlegt, wie Sie vorgehen wollen. Wenn Sie sich selbst eine Fremdsprache beibringen, sollten Sie eine Liste der Bücher und Online-Audio-Ressourcen erstellen, die Sie verwenden werden. Sie sollten eine Liste erstellen, wie Sie üben und sich selbst testen werden - vielleicht mit einem Online-Tonaufzeichnungsgerät oder einem Smartphone. Und am Ende des Kurses werden Sie vielleicht eine große Menge an deutschen Text in die Sprache übersetzen, die Sie lernen.

Dieser Schritt mag ein wenig mühsam erscheinen, vor allem, wenn Sie sich einfach in das Material stürzen wollen. Aber er wird Ihnen im weiteren Verlauf eine Menge Zeit ersparen und Ihnen helfen, unendlich viel mehr zu lernen. Sich selbst zu regulieren, um besser zu lernen, ist wichtig, denn sobald Sie das Pferd zum Wasser geführt haben (sobald Sie die Ressourcen gefunden haben), muss das Pferd das Wasser selbst trinken (Sie müssen es selbst tun).

Lernen. Nun, hier sind Sie. Wenn Ihr Selbstvertrauen und Ihr Selbstmanagement auf einem guten Niveau sind, sind Sie bereit zum Lernen. Für das Lernen ist das hintere Gehirn zuständig, das unter anderem das Gedächtnis, die Verbindungen, das Erkennen, das Sehen und die Bedeutung überwacht. Dies wird als Hippocampus bezeichnet. Hier werden alle Informationen verarbeitet und analysiert. Hier werden die Informationen aus dem Kurzzeitgedächtnis in das Langzeitgedächtnis umgewandelt und es kommt zu echten physischen Strukturveränderungen im Gehirn.

Die Sache ist, dass das Lernen selbst keine schwierige Aufgabe ist. Aber die meisten

Menschen machen den Fehler zu glauben, dass diese dritte Stufe der Punkt ist, an dem sie beginnen sollten, anstatt ihre Probleme mit dem Selbstvertrauen und der Selbstregulierung anzugehen. Sobald Sie diese Hürden in der Lernpyramide überwinden oder zumindest angehen können, wird das Selbstlernen viel einfacher.

Kunst und Wissenschaft

Die Pyramide des Lernerfolgs umreißt die inneren Werte, die wir haben müssen, um eine Ausbildung zu beginnen, sei es im institutionellen oder im Selbststudium. Aber gibt es bei all den Fächern, die uns zur Verfügung stehen, bestimmte Studiengänge, die in der Selbstbildung effektiver sind als andere?

Jedes Fach kann mit der richtigen Planung und Ausführung autodidaktisch erlernt werden, sei es das Musizieren oder das Erlernen von Weltgeschichte oder Statistik. Sie sind alle möglich, aber es gibt einige Themen, die sich tatsächlich besser für den Akt des Selbststudiums eignen als andere -

und das läuft auf den Unterschied zwischen Kunst und Wissenschaft hinaus.

Jedes Fach oder jede Disziplin ist entweder eine „Kunst" oder eine „Wissenschaft" - nicht nur die offensichtlichen wie Bildhauerei und Biologie. Der Unterschied zwischen Kunst und Wissenschaft hängt mit der Variation zwischen subjektivem und objektivem Lernen und der Rolle zusammen, die Lehrer bei der Verbreitung der Informationen spielen.

In der Kunst ist alles *subjektiv*. In der Kunst gibt es letztlich keine richtigen oder falschen Antworten. Sicher, man kann Ihnen „richtige" Pinselstriche beibringen oder die „richtige" Art und Weise, eine Videokamera zu kalibrieren. Aber es ist keine absolute Notwendigkeit, diese Dinge auf eine reglementierte Weise zu tun, um ein richtiges Kunstwerk zu produzieren. (Es mag furchtbar schwierig sein, aber es ist nicht unmöglich.) Wenn das Ziel der Kunst ist, eine Emotion hervorzurufen, und Emotionen sind subjektiv, dann gibt es unzählige Wege, dieses Ziel zu erreichen.

Der Inhalt eines Kurses in den Künsten ist veränderbar, und ein großer Teil davon

31

hängt vom Lehrer ab. Sie haben ihre eigenen Interpretationen des Materials, das sie unterrichten, und es könnte völlig anders sein als bei einem Lehrer desselben Fachs an einer anderen Schule. In den Künsten gibt es keine unumstößlichen „Fakten", und deshalb ist der Lehrer untrennbar mit dem Fach verbunden, das er unterrichtet. Ohne feste Bezugspunkte und Meilensteine ist das beim Selbstlernen schwieriger.

Die Wissenschaft hingegen ist *objektiv*. Sie beschäftigen sich ausschließlich mit bewiesenen Fakten und harten Daten. Die Lichtgeschwindigkeit, der physikalische Aufbau der Elemente im Periodensystem und das Produkt aus 2×4 sind unumstößlich. Sie können nicht wirklich eine *Meinung* darüber haben, ob die Antworten wahr sind oder nicht; sie sind es, ob Sie es mögen oder nicht. Sie können Formeln lernen und wie man sie anwendet - sie werden sich nie ändern oder Sie im Stich lassen.

Ebenso muss Ihnen jeder Wissenschafts- oder Mathematiklehrer auf der Welt diese Fakten darlegen. Es spielt keine Rolle, *wie* sie sie Ihnen beibringen oder wie sie sie interpretieren oder über sie denken. Sie alle müssen Ihnen die gleichen Konzepte beibringen, weil sie genau und wahr sind. Wenn ein Mathelehrer Ihnen sagt, dass 2 × 4 = 13 ist, wird er nicht mehr lange unterrichten. Objektive Wissenschaften sind also nicht von der Anwesenheit eines bestimmten Lehrertyps abhängig - ob er nun da ist oder nicht, die Fakten werden immer noch die Fakten sein. Das ist zuverlässiger und verlässlicher, wenn man es sich selbst aneignet, als wenn man es mit den Künsten vergleicht.

Beim Selbstlernen sind *Sie* jedoch Ihr eigener Lehrer. Die einzige Persönlichkeit, mit der Sie sich auseinandersetzen müssen, ist Ihre eigene. Sie lesen vielleicht die Meinungen und Interpretationen anderer Leute, aber der letzte Filter ist Ihr eigenes Gehirn. Es ist Ihre Aufgabe, relevantes Material zu finden und es in Ihrem eigenen Kopf zu verankern.

Aus diesem Grund ist die Idee, dass die Wissenschaften besser zur Selbstausbildung geeignet sind als die Künste, zumindest ein wenig glaubwürdig.

Egal, welchen Zweig der Wissenschaft Sie studieren - Physik, Recht, Statistik oder Wirtschaft - es wird eine Reihe von unbestreitbaren Daten geben, die Sie irgendwann akzeptieren müssen. Diese konkreten Wahrheiten sind leichter zu etablieren als die flexibleren Theorien der Künste. Als Selbstlerner ist also der objektive Studiengang der Naturwissenschaften vielleicht besser geeignet.

Das bedeutet nicht, dass es unmöglich ist, sich selbst ein künstlerisches Fach beizubringen. Ich habe zum Beispiel viel Zeit damit verbracht, an meinen Schreibfähigkeiten zu arbeiten, und ich beabsichtige nicht in nächster Zeit damit aufzuhören. Sich selbst eine Kunst beizubringen ist durchaus möglich. Sie müssen nur einige kleine Anpassungen in Ihrer Herangehensweise an das Thema vornehmen.

Selbst-Motivation

Die Vorteile des Selbstlernens liegen sofort auf der Hand, aber täuschen Sie sich nicht: Es ist ein ehrgeiziges Unterfangen. Sie sind sowohl Schüler als auch Lehrer. Es erfordert Vertrauen, Engagement und eine gute Planung. Wenn Sie kein traditioneller „Selbststarter" sind, kann das Ziel so arbeitsintensiv erscheinen, dass es schwer sein könnte, die Motivation aufzubringen, es durchzuziehen.

Selbstlernen ist nicht wie eine typische Schule, in der jemand oder etwas anderes dafür verantwortlich ist, Ihre Ziele zu setzen und Sie zu motivieren, auf sie hinzuarbeiten. Es ist auch anders als bei der Arbeit, wo Ihre Motivation einfach ist: hier erledigen Sie Ihre Arbeit und werden Sie bezahlt. Außerdem führt diese „Zuckerbrot-und-Peitsche"-Motivationsstrategie nicht immer dazu, dass Sie Ihre beste Arbeit abliefern, und selbst wenn Sie die nötige Entschädigung für die erfolgreiche Erledigung Ihrer Arbeit erhalten, ist die Wahrscheinlichkeit groß, dass Sie keine große Befriedigung daraus ziehen werden.

Wir nennen diesen Belohnungs- oder Bestrafungsrahmen *extrinsische Motivation*: Die Vergütung, die Sie erhalten, kommt von einer externen Quelle, z. B. von der Firma, für die Sie arbeiten, oder dem Schulbezirk, in dem Sie studieren. Jemand anderes generiert Ihre Zahlungen oder Belohnungen gemäß den Richtlinien, die sie aufgestellt haben - nicht Sie selbst. Diese Art der Motivation hat vielleicht in der Vergangenheit eine Zeit lang funktioniert, als die Möglichkeiten für Studium und Beschäftigung begrenzter waren und die Menschen einfach nur überleben wollten.

Das Gegenteil dieses Konzepts ist die *intrinsische Motivation*. Anstatt eine Aufgabe auszuführen, um Belohnungen zu erhalten oder eine Bestrafung durch jemand anderen zu vermeiden, führt eine Person mit intrinsischer Motivation eine Aktivität aus, weil sie sie auf einer nicht greifbaren Ebene bereichert. Die Belohnungen, die man in diesem Rahmen erhält, sind selbst generiert: Stolz, das Gefühl, etwas erreicht zu haben, Freude, sich einer Herausforderung zu stellen. Diese Arten von Belohnungen *fühlen* sich einfach besser an und haben mehr persönliche Bedeutung als ein Gehaltsscheck oder eine Note.

Die Forschung der letzten fünfzig Jahre hat immer wieder festgestellt, dass intrinsische

Belohnungen weitaus motivierender sind als extrinsische. Tatsächlich haben Studien, die in den 1970er Jahren von den Professoren Harry Harlow und Edward Deci durchgeführt wurden, herausgefunden, dass extrinsische Motivation tatsächlich von der intrinsischen Motivation *ablenkt*: Wenn Sie eine Arbeit machen, weil Sie sowohl Geld bekommen als auch persönliche Befriedigung daraus ziehen, wird das Motiv für äußere Belohnungen die Qualität der inneren Belohnungen, die Sie verfolgen, verringern.

Der Autor Daniel Pink hat mehrere Hauptwerke über seine Theorien zur zeitgenössischen Motivation geschrieben. In der heutigen Zeit, so sagt er, ist die Idee der „Motivation 3.0" eher geeignet, den persönlichen Erfolg herbeizuführen, den wir uns alle wünschen. Dies folgt auf die Epochen der Motivation 1.0, die lediglich das primitive Bedürfnis zu überleben ist, und der Motivation 2.0, dem Belohnungs- und Bestrafungsmodell, das Ihre Eltern in ihrer Zeit erlebt haben könnten.

Bei Motivation 3.0 dreht sich alles um intrinsische Motivation. Dahinter steht

Pinks Überzeugung, dass „das Geheimnis von Höchstleistungen nicht unser biologischer Antrieb oder unser Belohnungs- und Bestrafungstrieb ist, sondern unser dritter Antrieb - unser tief verwurzelter Wunsch, unser Leben selbst in die Hand zu nehmen, unsere Fähigkeiten zu erweitern und einen Beitrag zu leisten." Pink beschreibt drei verschiedene Faktoren, die die intrinsische Motivation ausmachen.

Autonomie. Freiheit ist ein großer, treibender Impuls für jeden. Autonomie zu haben bedeutet, dass Sie die vollständige Kontrolle über Ihr eigenes Leben haben. Sie sitzen am Steuer, Sie treffen die Entscheidungen und Sie erwirtschaften Ihren eigenen Gewinn. Sie müssen sich nicht nach den Anforderungen anderer richten und können Ihre eigene Agenda festlegen.

Autonomie motiviert uns, weil wir glauben wollen, dass nur wir wirklich Einfluss auf unser eigenes Leben haben. Niemandem gefällt der Gedanke, dass jemand anderes die Hebel in seiner Existenz manipuliert; es impliziert, dass wir durch die Erwartungen oder Wünsche eines anderen eingeschränkt werden. Wir sind dazu erzogen worden, Unabhängigkeit zu wollen, weil sie unsere eigenen Reserven an Selbstwert und persönlicher Macht erhöht.

Bei der Motivation zum Selbstlernen könnten Sie den Faktor der Autonomie nutzen, um sich vorzustellen, wie sich Ihr Leben nach dem Erwerb Ihres Wissens verbessern könnte. Zum Beispiel könnten Sie motiviert sein, sich das Programmieren beizubringen, weil Sie sich vorstellen können, in Zukunft Ihr eigenes Webdesign-Unternehmen zu führen. Vielleicht lernen Sie eine Sprache, weil Sie eine Zeit lang in einem fremden Land leben möchten. Oder Sie wollen Kochen lernen, weil Sie es leid sind, Makkaroni und Käse aus einer Schachtel zuzubereiten, mit Zutaten, die jemand anderes ausgewählt hat. Der Punkt ist, dass es allein Ihre Entscheidung ist.

Kompetenz. Es gibt nichts Besseres als die Befriedigung, zu wissen, dass man etwas gut macht, dass man hart gearbeitet und geübt hat, um seine eigenen Standards der Exzellenz zu erreichen. Das ist es, was Kompetenz ausmacht: der Drang, unsere

Fähigkeiten oder Kenntnisse in Bereichen zu verbessern, die uns am Herzen liegen.

Kompetenz ist ein motivierender Faktor, weil sie uns ein Gefühl des Fortschritts gibt (zumindest wenn wir die Anfangsphasen des Lernens von etwas ganz Neuem durchhalten, und wenn wir zwangsläufig von Zeit zu Zeit frustriert sind). Wir schleppen uns durch Teilbereiche, weil wir jeden Tag etwas Neues lernen wollen. Wir wollen an einem Punkt ankommen, an dem wir nur noch das tun, was wir tun wollen, ohne von „geschäftiger Arbeit" oder zwecklosen Aufgaben abgelenkt oder behindert zu werden. Wir wollen ein Erfolgserlebnis haben, auf das wir täglich zurückgreifen können.

Kompetenz ist vielleicht die offensichtlichste stimulierende Komponente beim Selbstlernen. Sie möchten vielleicht jede Nuance von Shakespeares Werk verstehen, ein mechanisches Gokart von Grund auf bauen, ein hervorragender Audioproduzent werden oder alle Einzelheiten von Geschäftsverträgen verstehen, ohne einen Anwalt anrufen zu müssen. Das Ziel eines jeden Schülers ist es, Fachwissen auf seinem Gebiet zu erlangen, und ein großartiger Selbstlerner behält die Aussicht auf Kompetenz zu jedem Zeitpunkt im Hinterkopf. Kompetenz ist doppelt befriedigend, wenn man weiß, dass man sie durch sich selbst und seinen eigenen Antrieb erlangt hat, und nicht durch das Dröhnen einer Reihe von Professoren.

Zweck. Obwohl ein Teil der Definition von intrinsischer Motivation darin besteht, etwas um seiner selbst willen zu tun, ist auch der Glaube daran, dass wir etwas für das „größere Wohl" tun, von Vorteil. Das ist es, was ein Gefühl der Zielsetzung liefert. Wir glauben, dass das, was wir tun, einen positiven Effekt auf mehr als nur unser persönliches Leben hat - es trägt auch zum allgemeinen Wohl des Planeten bei, hilft jemand anderem als uns selbst oder gibt unserem Leben einen höheren Sinn.

Wir werden von einem Zweck angetrieben, weil, nun ja, tief im Inneren will keiner von uns wirklich ein Idiot sein. Wir wollen glauben, dass wir „gute" Menschen sind, dass wir auf die höchsten Rufe der Natur und der Gesellschaft reagieren. Wir wollen glauben, dass wir der Welt etwas Wichtiges zu bieten haben, dass unsere Bemühungen die Existenzen anderer wertvoller, zufriedener oder einfach nur glücklich machen. Dies steht nicht unbedingt im Widerspruch zu unserem Wunsch nach Autonomie - ja, wir sehnen uns nach Unabhängigkeit und Selbstbestimmung, aber wir wollen auch glauben, dass wir würdige Mitglieder der menschlichen Rasse sind.

Ein Selbstlerner möchte vielleicht Philosophie studieren, weil er einen erleuchteten Geisteszustand anstrebt. Sie werden sich etwas über Landwirtschaft aneignen, weil sie zu einem gemeinschaftlichen Biogarten beitragen wollen. Vielleicht studiert jemand Politikwissenschaft, weil er Veränderungen in der lokalen Regierung verstehen und vorantreiben möchte. Oder sie bringen sich selbst Clownerie bei, weil es ihnen Spaß macht, Kinder glücklich zu machen (vorausgesetzt, sie sind nicht einer dieser „gruseligen" Clowns).

Im Verlauf des Selbstlernens ist es immer hilfreich, sich an den inneren Belohnungen und Verbesserungen zu orientieren, die Sie anstreben. Inspiration ist immer eine stärkere Kraft als Zwang. Das im Auge zu behalten, was Sie *sich selbst* durch das Selbstlernen geben werden, wird immer eine starke, leitende Kraft in Ihren Studien sein, und niemand kann Ihnen das bieten außer Ihnen selbst.

Fazit:

* Selbstlernen ist ein Ziel, das nicht neu ist. Es ist aber neu, wie möglich und erreichbar es ist. Die Welt liegt uns zu Füßen, dank des Internets, und wir haben heutzutage die Möglichkeit, alles zu lernen, was wir wollen. Traditionelles Lernen hat einige positive Aspekte, aber es schränkt auch unsere Herangehensweise an Bildung und die Art und Weise, wie wir uns bereichern wollen, stark ein. Um dem entgegenzuwirken, müssen wir uns zunächst ein Beispiel an den Autodidakten nehmen und den Unterschied in der Denkweise zwischen Lesen und Wiederkäuen und intellektueller Neugierde verstehen.

- Die Lernerfolgspyramide stellt genau die drei Aspekte des Lernens dar, von denen zwei typischerweise vernachlässigt werden und daher für die meisten Menschen enorme Barrieren darstellen. Erstens: Sie müssen Vertrauen in Ihre Fähigkeit zu lernen haben, sonst werden Sie entmutigt und hoffnungslos. Zweitens müssen Sie in der Lage sein, Ihre Impulse selbst zu regulieren, diszipliniert zu sein und sich zu konzentrieren, wenn es darauf ankommt - Sie können ein Pferd zum Wasser führen, aber Sie können es nicht zum Trinken zwingen. Drittens kommt das Lernen, womit die meisten Menschen beginnen - zu ihrem Nachteil. Lernen ist mehr, als ein Buch in die Hand zu nehmen und zu lesen, zumindest psychologisch gesehen.

- Die Selbstmotivation ist mit der Selbstregulierung verwandt. Sie ist ein wesentlicher Aspekt des Selbstlernens, weil es keinen Lehrer gibt, der Ihnen Strenge aufzwingt – es gibt nur Sie selbst. Sie sind sowohl der Lehrer als auch der Schüler, und das bringt die Aufgabe der Selbstmotivation mit sich.

Es gibt drei Hauptaspekte der intrinsischen Motivation, um sich selbst auf dem Weg zum Ziel des Selbstlernens zu halten: Autonomie, Kompetenz und Zweck/Wirkung. Die intrinsischen Aspekte sind in der Regel viel stärker als das, was man traditionell als motivierend ansehen würde.

Kapitel 2. Interaktion mit Informationen

Jorge ist fasziniert von der Archäologie - aus der Ferne, versteht sich. Er interessiert sich dafür, seit er *„Indiana Jones – Jäger des verlorenen Schatzes "* gesehen hat. Also beschließt er, sich selbst etwas darüber beizubringen, indem er so viele Bücher wie möglich zur Hand nimmt - fünf, um genau zu sein. Alle zur gleichen Zeit. Er lädt sie auf seinen E-Reader herunter.

Ein paar Tage lang tun diese fünf Bücher nicht viel, außer ihn durch seinen Bildschirm anzuschauen. Er hat nicht darüber nachgedacht, welches der Bücher am besten zu seinem Wissensstand passt, den man im Moment wohlwollend als bescheiden bezeichnen könnte. Er entschied sich einfach für ein paar Bestseller und ein anderes, weil es nur 1,99 Dollar kostete. Aber was soll's? Diese fünf Bücher sollten zumindest ausreichen, um ihn mit archäologischem Grundwissen vertraut zu machen. Sie sollten auf Leute zugeschnitten sein, die bei Null anfangen. Er sollte in der Lage sein, sich das anzueignen, was er braucht. *Sollte, sollte, sollte* - der Fluch aller vernünftigen Erwartungen.

Jorge beginnt, eines der Bücher zu lesen, von einem Archäologen, der viel Erfahrung bei der Arbeit an den Pyramiden in Ägypten hatte. Er denkt sich, dass er mit jemandem beginnen sollte, der direkt an der Quelle war, ohne Rücksicht auf seinen eigenen Wissensstand zu nehmen. Dieses Buch hat ein langes Vorwort, aber er liest nie Vorworte. Er will einfach zum Punkt kommen.

Das erste Kapitel verweist ihn gleich in seine Schranken. Es gibt einen Haufen langer Wörter, die spezifisch für Archäologen zu sein scheinen und die er nicht versteht. Aber das ist okay - er wird es einfach durchpowern, weil er ein schneller Leser ist. Er hat alle Bände der *Hunger Games*-Reihe in einer Woche gelesen. Er wird das hier schaffen, kein Problem.

Jorge ist am Ende des ersten Kapitels geistig erschöpft, weil er nichts von dem, was er gelesen hat, begriffen hat. Er weiß nicht, was es bedeutet oder warum es wichtig ist. Er musste immer wieder Absätze lesen, obwohl er sich hartnäckig weigerte, ein Wörterbuch zu Rate zu ziehen. Er hat Kapitel 1 noch relativ schnell beendet, aber er hat kein Interesse daran, mit Kapitel 2 fortzufahren. Es ist zu deprimierend und entmutigend. Also nimmt er ein anderes Buch zur Hand, das er heruntergeladen hat, und macht genau dieselbe Erfahrung.

Jorge hält das alles für ein göttliches Zeichen und beschließt, dass er gar nicht dazu bestimmt ist, Archäologie zu studieren. Er denkt, dass er eindeutig nicht die geistigen Ressourcen hat, die nötig sind, um dem Thema nachzugehen. Also schließt er sein E-Book, ein wenig deprimiert und niedergeschlagen, weil er denkt, er sei zu dumm.

Aber Jorge ist nicht dumm. In der Tat war er einer der besten Schüler in seiner Hochschul-Klasse, und er hat regelmäßig Tests ohne Lernen bestanden. Sein Verhängnis war seine Erwartungshaltung an seine eigenen anfänglichen Fähigkeiten und wie sie auf neues Wissen und Lesestoff reagieren würden. Er mochte klug sein, aber nicht auf *diesem* Gebiet. Wenn er etwas nicht sofort begriff, betrachtete er es als sein persönliches Versagen. Aber nur, weil er versuchte, ein Wissensbuch auf die gleiche Weise zu lesen wie Jugendliteratur - oder alles, was ihm in der Hochschule vorgeworfen wurde. Er hatte keinen Plan und war nicht darauf vorbereitet, was Selbstlernen wirklich erfordert.

Da diese Schreibstile völlig unterschiedlich sind und Sie auch einen anderen Zweck verfolgen (Assimilation und Verstehen neuer Informationen und Kenntnisse), müssen sie auf völlig unterschiedliche Weise *angegangen* werden. Beim Umgang mit Informationen geht es nicht nur um Erwartungen - es geht um Planung. Für den Anfang hätte Jorge die SQ3R-Methode ausprobieren sollen - eine Methode, die bei der Suche nach dem eigenen Lernen transformativ sein kann.

Die SQ3R-Methode

Für die große Mehrheit der Schulfächer bilden Lehrbücher neben Vorträgen und Diskussionen den Kern des Lernprogramms. Der gesamte Unterrichtsplan eines Lehrers für ein Jahr basiert in der Regel auf der Struktur und Abfolge von mindestens einem Lehrbuch. Diese Bände sind in den meisten Fällen unheimlich groß. Multiplizieren Sie ein großes Buch mit der Anzahl der Klassen, die ein Student in einem bestimmten Semester hat, und Sie haben einen ernsthaft übergewichtigen Rucksack - fast so schwer wie die Erwartungen Ihrer Lehrer, dass Sie jedes einzelne Buch lesen.

Lehrbücher sind dicht, detailliert, stark kommentiert und lang. Es ist leicht, sich das Bild eines Studenten vorzustellen, der spät nachts die Seite 349 eines riesigen Bandes überfliegt und am nächsten Morgen erschöpft und unfähig ist, die Worte zu behalten, die er gelesen hat.

Deshalb hat der amerikanische Pädagoge Francis P. Robinson eine Methode entwickelt, die den Schülern helfen soll, die ihnen zugewiesenen Texte - und damit auch den Lernstoff - bestmöglich zu verstehen. Robinson suchte nach einem Weg, das Lesen aktiver zu gestalten und den Lesern zu helfen, indem er eine dynamische Auseinandersetzung mit den Büchern schuf, damit die Informationen im Gedächtnis haften blieben.

Die traditionelle Unterrichtsform des Lesens und Wiederkäuens ist sicherlich nicht die effektivste, aber es ist das einzige Modell, das die meisten von uns kennen. Robinsons Ansatz eignet sich für mehr als nur das Lesen: Ihr gesamter Lernplan kann nach Robinsons Methode modelliert und an Ihr Selbstlernen angepasst werden.

Die Technik heißt „SQ3R-Methode", benannt nach ihren fünf Komponenten:

- Survey (Überblick gewinnen)

- Question (Fragen)

- Read (Lesen)

- (Recite) Wiedergeben

- (Review) Rückblick

Überblick gewinnen. Der erste Schritt der Methode besteht darin, sich einen allgemeinen Überblick über das zu verschaffen, was Sie lesen werden. Lehr- und Sachbücher sind nicht wie Belletristik oder erzählende Literatur, bei denen man einfach am Anfang anfängt und sich durch jedes Kapitel durcharbeitet. Die besten Sachbücher sind so aufgebaut, dass sie Informationen in einer Weise vermitteln, die klar und einprägsam ist und auf jedem vorangegangenen Kapitel aufbaut. Wenn Sie eintauchen, ohne sich vorher umzusehen, gehen Sie blind hinein, ohne zu verstehen, wohin Sie gehen und was Sie zu erreichen versuchen. Sie sollten sich zuerst einen Überblick verschaffen, *bevor* Sie sich in Kapitel 1 vertiefen. Die Überblickskomponente dient dazu, dass Sie eine möglichst allgemeine Einführung in das Thema erhalten, damit Sie die Ziele, die Sie mit dem Lesen des Buches erreichen wollen, festlegen und gestalten können.

Es ist so, als würden Sie sich die gesamte Landkarte ansehen, bevor Sie zu einer Autoreise aufbrechen. Sie brauchen vielleicht nicht das ganze Wissen im Moment, aber alles als Ganzes zu verstehen und wie es zusammenpasst, hilft Ihnen bei den kleinen Details und wenn Sie im Stress sind. Sie werden wissen, dass Sie generell nach Südwesten fahren müssen, wenn Sie verwirrt sind.

In der SQ3R-Methode bedeutet Überblick gewinnen, dass Sie die Struktur des Werks untersuchen: den Buchtitel, die Einleitung oder das Vorwort, die Abschnittsüberschriften, die Kapitelüberschriften, die Überschriften und die Zwischenüberschriften. Wenn das Buch mit Bildern oder Grafiken illustriert ist, würden Sie diese überprüfen. Sie könnten auch die Konventionen notieren, die das Buch verwendet, um Ihre Lektüre zu leiten: Schriftarten, fett oder kursiv gedruckter Text und Kapitelziele und Lernfragen, falls sie vorhanden sind. Indem Sie den Schritt der Übersicht verwenden, stellen Sie Erwartungen an das, was Sie lesen werden, auf und geben sich selbst einen ersten

Rahmen, um Ihre Ziele für das Lesen des Materials zu strukturieren.

Nehmen wir zum Beispiel an, Sie lesen ein Buch, um mehr über Geologie zu erfahren. Ich habe zufällig ein Buch mit dem Titel *„Geology Illustrated"* von John S. Shelton - es ist etwa 50 Jahre alt und wird nicht mehr gedruckt, aber für unsere Zwecke ist es gut geeignet.

Es gibt ein Vorwort, in dem beschrieben wird, was im Buch enthalten ist und wie die Abbildungen angeordnet sind. Es gibt ein ungewöhnlich umfangreiches Inhaltsverzeichnis, das in Teile unterteilt ist: „Materialien", „Struktur", „Skulptur", „Zeit", „Fallgeschichten" und „Implikationen". Das sagt mir, dass das Buch mit konkreten geologischen Elementen beginnt, dann dazu übergeht, wie sie sich im Laufe der Zeit formen, wichtige Ereignisse und was wir in Zukunft erwarten können. Das ist ein ziemlich guter Überblick über den Bogen des Buches.

Jeder Teil ist dann in Kapitel unterteilt, die wiederum in eine Unmenge von Überschriften und Unterüberschriften unterteilt sind - zu viele, um sie hier zu erwähnen, aber sie geben eine nuanciertere Zusammenfassung dessen, worauf jeder Teil eingehen wird. Wenn Sie die Bedeutung dessen, was Sie gerade lernen, überblicken und kennen, sind Sie in der Lage, es sofort besser zu verstehen. Es ist ein Unterschied, ob man ein einzelnes Zahnrad isoliert betrachtet oder ob man sieht, wo und wie es in einer komplexen Uhr funktioniert.

Jenseits von Büchern sollten Sie alle wichtigen Konzepte in einer Disziplin überblicken. Wenn Sie sie nicht innerhalb einer Struktur wie dem Inhaltsverzeichnis eines Buches finden können, dann müssen Sie in der Lage sein, sie selbst zu erstellen. Ja, das ist der schwierige Teil, aber wenn Sie in der Lage sind, alle Konzepte zu überblicken und zu verstehen, wie sie zumindest auf einer oberflächlichen Ebene zusammenhängen, werden Sie anderen bereits einen großen Schritt voraus sein. Verwenden Sie die Überblickskomponente, um eine Übersicht über das zu bekommen, was Sie lernen werden. In gewissem Sinne ist es so, als würden Sie ein metaphorisches „Buch" für sich selbst entwerfen.

Sie sollten sich einen allgemeinen Überblick darüber verschaffen, was Sie lernen werden. Da Sie dies auf eigene Faust studieren, könnte es ein paar Lücken in dem geben, was Sie glauben, wissen zu müssen. In dieser Phase sollten Sie also genau festlegen, was Sie wissen *wollen*, und zwar so konkret wie möglich. Wenn Sie zum Beispiel alles über Psychologie lernen wollen, wird das eine beträchtliche Menge an Zeit in Anspruch nehmen. Das wird nicht auf einen Schlag geschehen. Sie sollten es ein wenig mehr spezifizieren: die frühe Geschichte der Psychoanalyse, die Werke von Sigmund Freud und Carl Jung, Sportpsychologie, Entwicklungspsychologie - die Möglichkeiten sind vielfältig.

Achten Sie auf Ausdrücke oder Konzepte, die in mehreren verschiedenen Quellen vorkommen, da sie Elemente darstellen, die in dem von Ihnen gewählten Bereich häufig vorkommen und somit Dinge sein könnten, die Sie wissen müssen. Ziehen Sie Verbindungen und Ursache-Wirkungs-Beziehungen, bevor Sie sich mit den Konzepten im Detail beschäftigen.

Nehmen wir zum Beispiel an, Sie wollen die Geschichte des europäischen Kinos studieren. Die Eingabe von „Europäische Kinogeschichte" in Google bringt eine Menge interessanter Möglichkeiten, und einige davon können verwendet werden, um die von Ihnen gewünschte Gliederung zu bilden.

Sie können auf Amazon.de nach Lesematerialien suchen und die finden, die Ihnen am verlässlichsten erscheinen. Die Internet Movie Database (IMDB) kann Ihnen helfen, die wichtigsten europäischen Filme zu finden. Sie können herausfinden, welche europäischen Regisseure am häufigsten zitiert werden und am wichtigsten und einflussreichsten zu sein scheinen. Sie können recherchieren, welche europäischen Filme die besten Bewertungen haben und warum. Sie können ein paar Ressourcen darüber sammeln, welche spezifischen Länder welche filmischen Bewegungen hatten und warum.

Dann werden Sie diese Ressourcen organisieren. Sie werden sich einen Plan ausdenken, wie Sie jede einzelne studieren -

vielleicht lernen Sie ein Kapitel in einem Buch über die frühe europäische Filmgeschichte, dann schauen Sie sich ein paar Filme an, die die Ära repräsentieren, mit der Sie sich gerade beschäftigen, und geben sich danach eine Filmkritikaufgabe. Konzentrieren Sie sich auf das Sammeln und Organisieren; Sie müssen die Filme noch nicht anfassen. Wichtig ist, dass Sie sich vor dem Eintauchen in das Thema einen Überblick verschafft haben und somit wissen, worauf Sie sich einlassen und warum.

Frage. In der zweiten Stufe der SQ3R-Methode tauchen Sie noch nicht ins kalte Wasser. Während der Frage-Phase werden Sie etwas tiefer eindringen, um Ihren Geist besser auf die Konzentration und die Interaktion mit dem gelesenen Material vorzubereiten. Sie werden sich die Struktur des Buches etwas genauer ansehen und einige Fragen formulieren, die Sie beantwortet haben wollen oder die Ziele festlegen, die Sie erreichen wollen.

In der Fragephase des Lesens eines Buches - oder, genauer gesagt, an diesem Punkt der *Vorbereitung* auf das Lesen - gehen Sie die

Kapitelüberschriften, Überschriften und Unterüberschriften durch und formulieren sie in Form einer Frage um. So wird aus dem trockenen Titel, den der Autor gegeben hat, eine Herausforderung oder ein Problem, das Sie lösen müssen. Wenn Sie zum Beispiel ein Buch über Freud lesen, könnte ein Kapitel „Grundlagen von Freuds Traumanalysen" heißen. Sie würden diesen Kapiteltitel umschreiben in „Wie entstand Sigmund Freuds Arbeit über Traumdeutung und was waren seine allerersten Ideen zu diesem Thema?" Sie könnten diese Frage mit Bleistift an den Rand Ihres Buches schreiben. Wenn Sie ein Lehrbuch mit Studienfragen am Ende der Kapitel lesen, dienen diese als ausgezeichnete Leitfäden für das, was Sie herausfinden werden.

In dem Geologiebuch gibt es leider nicht allzu viele Kapitelüberschriften, die ich als Fragen umformulieren könnte. („Verwitterung", „Grundwasser", „Vergletscherung" - das war's.) Aber es gibt Überschriften, die funktionieren könnten: „Einige Auswirkungen der Metamorphose auf Sedimentgesteine" kann z. B. zu „Was kann mit bodennahen Gesteinen durch äonenlange Umweltveränderungen passieren?" werden. Ich habe es nicht nur in eine Frage umgewandelt, sondern den Titel in eine Formulierung umgeschrieben, die ich verstehen kann, noch bevor ich mit dem Lesen begonnen habe.

Jetzt, wo Sie Ihre Ressourcen für die Studienplanung organisiert haben, können Sie für einige der Themen, die Sie behandeln werden, Fragen zusammenstellen, die Sie beantwortet haben wollen, oder Ziele, die Sie erreichen wollen. Auf der Grundlage des Quellenmaterials, das Sie aufgereiht haben, und der Muster, die Sie vielleicht beobachtet haben, welche spezifischen Antworten erhoffen Sie sich in Ihrem Studium zu finden? Schreiben Sie sie auf. Dies ist auch ein guter Zeitpunkt, um sich eine Struktur für die Beantwortung Ihrer Fragen auszudenken - ein tägliches Tagebuch, ein selbstverwaltetes Quiz, eine Art „Wissenstracker"? Sie müssen die Fragen noch nicht beantworten - Sie müssen nur wissen, wie Sie sie aufzeichnen werden, wenn Sie es tun.

In unserem Beispiel der europäischen Filmgeschichte sind Sie, wenn Sie auch nur flüchtig recherchiert haben, in der Erhebungsphase zweifellos mehr als einmal auf die Namen einiger Regisseure gestoßen: Federico Fellini, Jean-Luc Godard, Luis Buñuel, Fritz Lang, und so weiter. Sie stellen sich vor, dass es sich um wichtige Personen handelt, die Sie kennenlernen sollten, also könnten Sie die Frage stellen: „Warum war Fellini so einflussreich?" „Was war Buñuels Regiestil?" „Welche Themen verfolgte Godard in seinem Filmemachen?" Vielleicht sind Sie auf bestimmte Konzepte oder Themen gestoßen, die im europäischen Film üblich zu sein schienen – „French New Wave", „Zweiter Weltkrieg", „Neorealismus", zum Beispiel. Notieren Sie diese als Ziele für Ihre Studie und ordnen Sie sie in Ihrer Gliederung an.

Lesen. In dieser Phase sind Sie endlich bereit, in die Materie einzutauchen. Da Sie sich einen Überblick verschafft und einige Fragen und Ziele für Ihr Studium formuliert haben, sind Sie etwas engagierter, wenn Sie sich schließlich zum Lesen hinsetzen. Sie suchen nach Antworten auf die Fragen, die Sie aufgeworfen haben. Ein weiterer unterschätzter Aspekt des Formulierens und Organisierens, bevor Sie tatsächlich mit dem Lesen beginnen, ist der Aufbau von *Vorfreude* auf das Lernen. Sie haben sich alles schon eine Weile angeschaut und sind wahrscheinlich begierig darauf, endlich einzutauchen und die Fragen zu beantworten, die sich in Ihrem Kopf angesammelt haben.

Bei diesem Schritt versuchen die meisten Menschen anzufangen, scheitern aber, weil ihnen eine Grundlage fehlt und sie stattdessen unangemessene Erwartungen haben.

Jetzt lesen Sie bewusst und in einem bestimmten Tempo, damit Sie besser verstehen können. Das bedeutet, dass Sie langsamer werden - *viel langsamer.* Seien Sie geduldig mit dem Material und mit sich selbst. Wenn eine Passage schwer zu verstehen ist, lesen Sie sie extrem langsam. Wenn Ihnen eine bestimmte Stelle nicht klar ist, hören Sie auf, gehen Sie zurück zum Anfang und lesen Sie sie noch einmal. Es ist ja nicht so, dass Sie einen spannenden Roman lesen, den Sie nicht aus der Hand legen können. Sie lesen Informationen, die sehr dicht gepackt sein können - lesen Sie also langsam und aufmerksam, einen Abschnitt nach dem anderen.

Wahrscheinlich ist das Lesen Teil Ihres Lernplans, aber auch visuelle Hilfsmittel, Online-Kurse und Internet-Ressourcen könnten dazugehören. Verwenden Sie diese genau so, wie Sie das Buch in der Lesephase verwenden würden: bewusst und beharrlich, mit dem Ziel, jedes Konzept, das Ihnen vermittelt wird, vollständig zu verstehen. Wenn Sie sich verirren, denken Sie daran, dass die Rückspultaste und das Blättern Ihre besten Freunde sind. Planen Sie Ihre Lernzeit so ein, dass Sie so viel wie möglich verstehen.

Bei unserem Beispiel der europäischen Filmgeschichte ist das offensichtlich. Betrachten Sie Ihre Filme mit einem kritischen Auge. An bestimmten Stellen sollten Sie vielleicht zurückspulen, um Bilder, Dialoge oder Handlungen zu sehen, die relevant sein könnten. Wenn Sie einen Film mit einer Audiospur mit Kommentaren des Regisseurs ansehen können, sollten Sie einen Nachmittag damit verbringen. Vergleichen Sie die Filme mit den Büchern, die Sie lesen, oder den Online-Kursen, die

Sie belegen, um Fragen oder Gedankengänge zu beantworten, die Sie vielleicht haben.

Wiedergeben. Dieser Schritt ist entscheidend für die Verarbeitung der Informationen, die Sie lernen, und stellt den größten Unterschied zwischen Lesen zum Lernen und Lesen zur Unterhaltung dar. Nachdem Sie nun mit dem Material vertraut sind, besteht das Ziel der Rezitationsphase darin, Ihren Geist und Ihre Aufmerksamkeit neu auszurichten, um sich zu konzentrieren und im weiteren Verlauf vollständiger zu lernen. Mit anderen Worten: In diesem Schritt geht es um die wörtliche Wiedergabe.

Stellen Sie Fragen - laut und mündlich - zu dem, was Sie gerade lesen. Dies ist auch der Punkt, an dem Sie sich reichlich Notizen an den Rändern des Textes machen und wichtige Punkte unterstreichen oder hervorheben. Die Wiedergabe erfolgt mündlich und auch schriftlich. Es ist jedoch wichtig, dass Sie diese Punkte *in Ihren eigenen Worten* wiedergeben und nicht nur Phrasen aus dem Buch auf ein Blatt Papier kopieren. Auf diese Weise nehmen Sie das neue Wissen und fügen es in Sätze ein, deren Bedeutung Sie bereits kennen. Dadurch werden die Informationen in einer Sprache, die Sie verstehen, leichter zu erfassen. Es macht sie bedeutsam und sinnvoll für Sie.

Mein Geologiebuch hat zufällig ziemlich breite Ränder an den Seiten, so dass ich viel Platz habe, um wichtige Punkte umzuformulieren und neu zu schreiben sowie wichtige Konzepte hervorzuheben. Betrachten Sie zum Beispiel den folgenden Originaltext:

„Dieser Vergleich legt nahe, dass das langsame Fortschreiten der Erosion auf Hügeln und Bergen den viel schnelleren und beobachtbaren Veränderungen ähnelt, die wir in Miniaturform überall um uns herum sehen."

Ich könnte das obige in etwas wie dieses umschreiben:

„In Bergen und Hügeln findet der gleiche Verfall statt wie im Flachland und in Flüssen, nur langsamer. Ähnlich wie bei Baseballspielern."

Was ich hier tue, ist, ein einziges Stück Information in zwei verschiedene Sätze zu packen, von denen ich mir einen selbst ausdenken musste. Das ist ein enormes Werkzeug, das beim Auswendiglernen verwendet wird, und es ist auch ein guter Weg, um die Informationen für mich persönlich bedeutungsvoller zu machen. Ich habe auch etwas über Baseball hinzugefügt, weil ich Baseball mag, und es macht das Konzept sofort verständlich, wenn ich es mir noch einmal anschaue. Wiederholt man diesen Prozess im Laufe eines ganzen Buches, vervielfacht sich die Lernkapazität von selbst.

Die Rezitationsphase bei der Organisation Ihres Studiums ist großartig, weil sie über verschiedene Medien hinweg funktioniert und es viele Möglichkeiten gibt, Ihre Fragen und Wiederholungen auszudrücken.

Um auf unser Beispiel des europäischen Kinos zurückzukommen: Wenn Sie sich Ingmar Bergmans „Das siebte Siegel" ansehen (kurze Zusammenfassung: mittelalterlicher Ritter trifft auf Todesengel und versucht, Zeit zu gewinnen, indem er mit ihm Schach spielt), könnten Sie Fragen zu den biblischen Bezügen, zur künstlerischen Gestaltung, zu den Anspielungen auf das Mittelalter oder zur Kinematografie aufschreiben. Sie könnten auch eine Zusammenfassung schreiben oder einen Videoblog des Films machen und die Schlüsselsequenzen ansprechen, die für Ihre Fragen am relevantesten sind. Sie könnten den Film auch mit anderen Filmen von Bergman vergleichen oder Ähnlichkeiten in seinem Stil mit anderen Regisseuren, die Sie studieren, feststellen. Das Wichtigste ist, dass Sie sich die Zeit nehmen, neues Wissen zu formulieren und zu rezitieren und es für Sie - und niemanden sonst - bedeutsam zu machen.

Rückblick. Die letzte Phase des SQ3R-Plans besteht darin, dass Sie das Material, das Sie gelernt haben, noch einmal durchgehen, sich mit den wichtigsten Punkten vertraut machen und Ihre Fähigkeiten, sich das Material einzuprägen, verbessern.

Robinson unterteilt diese Phase in bestimmte Wochentage, aber wir werden nur einige der Taktiken im Allgemeinen erwähnen. Dazu gehören das Schreiben weiterer Fragen zu wichtigen Teilen, die Sie hervorgehoben haben, die mündliche Beantwortung einiger der Fragen, wenn Sie können, das Überprüfen Ihrer Notizen, das Erstellen von Lernkarten für wichtige Konzepte und Terminologie, das Umschreiben des Inhaltsverzeichnisses mit Ihren eigenen Worten und das Erstellen einer Mindmap. Jede Art von Übung, die Ihnen hilft, Informationen zu vertiefen, aufzunehmen und im Gedächtnis zu verankern, ist willkommen (wobei Lernkarten besonders effektiv sind).

Dieser Schritt ist dazu gedacht, Ihr Gedächtnis für das Material zu stärken, aber er tut mehr als das. Er kann Ihnen helfen, Verbindungen und Ähnlichkeiten zwischen verschiedenen Aspekten zu sehen, die Sie vielleicht nicht auf Anhieb erkannt haben, und Konzepte und Ideen in einen größeren Zusammenhang zu stellen. Er kann auch Ihre geistigen Organisationsfähigkeiten verbessern, so dass Sie diese Übung für andere Themen nutzen können.

Betrachten Sie diesen Schritt als die natürliche Fortsetzung der Überblickskomponente. An diesem Punkt haben Sie sich einen Überblick über das

Feld verschafft, Sie sind in die Details eingestiegen, und jetzt sollten Sie einen Schritt zurücktreten, neu bewerten und aktualisierte, genauere und aufschlussreiche Verbindungen herstellen. Kombinieren Sie das mit Auswendiglernen, und Ihr Weg zum Selbstlernen und Fachwissen wird im Wesentlichen zu einer Abkürzung.

In meinem Geologiebuch gibt es jede Menge Begriffe, die ich auf Karteikarten schreiben könnte. „Monokline", „Schichtung", „Gletscherkolk" - holen Sie jetzt den Filzstift heraus. Ich könnte auch den Prozess der Vergletscherung in einem Flussdiagramm oder einem anderen visuellen Medium abbilden. Ich könnte eine Zeitleiste der Erdzeitalter erstellen und sie mit den wichtigsten geologischen Veränderungen verknüpfen, die während jeder Ära stattgefunden haben. Ich kann auch auftauchende Fragen notieren, die das Buch entweder unbeantwortet gelassen oder mich dazu gebracht hat, sie genauer zu untersuchen.

Sie können die meisten Elemente der Buchbesprechungsphase auf die gleiche

Weise für die Studienplanung verwenden. In unserem Beispiel des europäischen Kinos könnten Sie einen Katalog oder eine Datenbank über europäische Filmregisseure erstellen, die ihre Arbeit, ihre Hauptthemen oder ihre stilistischen Entscheidungen umreißt. Sie können Lernkarten erstellen, die Ihnen helfen, sich die wichtigen Facetten der verschiedenen europäischen Richtungen ins Gedächtnis zu rufen: „Neo-Realismus", „Giallo-Horror", „Spaghetti-Western" und „Cinéma du look". Und natürlich können Sie das Gelernte in einem Tagebuch festhalten, entweder in schriftlicher Form oder in einem visuellen Ausdruck.

Die SQ3R-Methode ist kein Scherz. Sie ist erschöpfend und detailliert und erfordert Geduld und eine straffe Organisation, um sie durchzuziehen. Aber wenn Sie die Geduld und Hingabe haben, jeden Schritt ernsthaft und langsam anzugehen, werden Sie feststellen, dass sie unglaublich hilfreich ist, ein komplexes Thema anzugehen. Und jedes Mal, wenn Sie es tun, ist es ein bisschen einfacher als beim letzten Mal.

Bei der Erläuterung der SQ3R-Methode haben wir die Rolle von Organisation und Notizen und deren Einfluss auf das Selbstlernen kurz gestreift. Schließlich können Sie nicht alles nur im Kopf organisieren und hoffen, effektiv zu sein. Wenn Sie schließlich aufschreiben müssen, was Sie gelernt oder organisiert haben, gibt es eine bestimmte Methode des Notierens, die am vorteilhaftesten sein wird.

Cornell-Notizen

Die berühmteste Methode für Notizen ist die *Cornell-Methode*, deren Elemente sich auf das beziehen, was wir zuvor behandelt haben. So funktioniert sie.

Teilen Sie ein handgeschriebenes Blatt für Notizen (Schreiben mit der Hand ist der Schlüssel) in der Mitte und in zwei Spalten auf. Machen Sie die rechte Spalte etwa doppelt so groß wie die linke Spalte. Beschriften Sie die rechte Spalte mit „Notizen" und die linke Spalte mit „Stichwörter". Lassen Sie unten auf der Seite ein paar Zentimeter frei und beschriften Sie diesen Abschnitt mit „Zusammenfassung".

Sie haben jetzt drei verschiedene Abschnitte, aber Sie werden nur im Abschnitt „Notizen" auf der rechten Seite Notizen machen. Hier machen Sie normale Notizen zu den größeren Konzepten mit unterstützenden Details so prägnant wie möglich. Schreiben Sie alles Brauchbare auf, um eine gründliche Beurteilung des Gelernten zu machen. Achten Sie darauf, dass Sie zwischen den einzelnen Punkten etwas Platz lassen, damit Sie später weitere Details und Klarstellungen einfügen können. Zeichnen Sie Tabellen und Diagramme, machen Sie Listen, wo es angebracht ist, und geben Sie Ihr Bestes, um das Wesentliche zu erfassen.

Sie müssen nicht über Organisation oder Hervorhebung nachdenken, während Sie die ersten Notizen machen. Schreiben Sie einfach auf, was Sie hören oder lesen, und geben Sie ein möglichst vollständiges Bild wieder. Schreiben Sie so viel wie möglich in die rechte Spalte, da Sie zu diesem Zeitpunkt nur Informationen erfassen wollen. Machen Sie keine Unterscheidungen. Wenn Sie die Notizen noch einmal durchgehen, können Sie herausfinden, was notwendig und wichtig ist.

Nachdem Sie mit den Notizen fertig sind, gehen Sie auf die linke Seite „Stichwörter" über. Hier filtern und analysieren Sie für jeden Abschnitt oder jedes Konzept die Seite „Notizen" und schreiben die wichtigen Teile auf die Seite „Stichwörter". Während die Seite „Notizen" eher ein Durcheinander ist, ist die Seite „Stichwörter" eine relativ geordnete Darstellung des jeweiligen Themas - im Grunde befinden sich auf beiden Seiten die gleichen Informationen.

Machen Sie aus fünf Sätzen normaler Notizen einen oder zwei Sätze mit einem Hauptpunkt und unterstützenden Fakten. Hoffentlich können Sie sich das vorstellen: Auf der linken Seite ist eine organisierte Reihe von Aussagen, die alles ordentlich zusammenfassen, während auf der rechten Seite ein Wirrwarr von unordentlicher Schrift ist. An diesem Punkt haben Sie bereits die zweite Stufe des Mitschreibens erreicht, über die wir zuvor gesprochen haben. Sie sind bereits eine Stufe über das hinausgegangen, was Sie normalerweise tun, und Sie können das Papier bereits überfliegen und wissen sofort, worum es in den Notizen geht.

Wenn Sie mit den Seiten „Notizen" und „Stichwörter" fertig sind, wechseln Sie zum Abschnitt „Zusammenfassung" am unteren Rand.

Hier versuchen Sie, alles, was Sie gerade notiert haben, zu ein paar Hauptideen und -Aussagen zusammenzufassen, mit nur den wichtigen unterstützenden Fakten oder Ausnahmen von den Regeln. Sie wollen so viel wie möglich in so wenigen Worten wie möglich sagen, denn wenn Sie Ihre Notizen durchgehen, wollen Sie sie schnell verstehen können und nicht alles noch einmal auseinandernehmen und analysieren müssen.

Sie möchten den Abschnitt „Zusammenfassung" und „Stichwörter" überfliegen und dann weitermachen können. Wo Sie vorher eine Seite voller unübersichtlicher Notizen hatten, haben Sie jetzt einen kurzen Abschnitt mit einer

Zusammenfassung, in dem Sie neue Informationen sofort verstehen können. Außerdem können Sie sie sich dadurch effektiver einprägen, da es sich wieder nur um ein paar Sätze handelt und nicht um eine ganze Seite, die Sie jedes Mal analysieren müssten. Und noch einmal: Eine Zusammenfassung für eine weitere Wiederholung kann nicht schaden.

Ein kurzes Beispiel: Warum wiederholen wir nicht, worüber wir in dieser Lektion gesprochen haben? Nehmen wir an, wir machen uns Cornell-Notizen zu diesem Konzept selbst. Auf der rechten Seite wird so viel stehen, wie Sie erfassen können. Es wird nicht wortwörtlich sein, und Sie werden wahrscheinlich in kurzen Sätzen schreiben müssen.

Aber es ist nicht allzu organisiert - es ist einfach eine Masse an Informationen, die auf dem Gehörten basieren. Auf der linken Seite finden Sie ein paar kürzere Sätze, z. B. die vier Stufen der Notizen und was in jeder Stufe passiert, wie Cornell-Notizen funktionieren und wie wichtig sie für ein besseres Lernen sind.

Was den Abschnitt „Zusammenfassung"
betrifft - Sie würden alles, was Sie in dieser
Lektion gelernt haben, in ein oder zwei
Sätzen zusammenfassen - gibt es vier
Phasen des Lernens: Notizen machen,
Bearbeiten, Analysieren, Reflektieren.
Cornell-Notizen zwingen Sie dazu, alle vier
Phasen zu durchlaufen und helfen Ihnen,
die Informationen besser zu organisieren,
indem Sie drei Abschnitte zur Durchsetzung
der Informationen verwenden.

Sie haben Ihren eigenen Studienführer
erstellt. Besser noch, Sie haben auch den
gesamten Prozess, den Sie zur Erstellung
verwendet haben, auf derselben Seite
dokumentiert, von den ursprünglichen
Notizen bis zur Synthese und
Zusammenfassung. Sie haben eine
Aufzeichnung von Informationen, die es
Ihnen erlaubt, so tief zu gehen, wie Sie
wollen, oder sich auf alles zu beziehen, was
Sie wollen. Das Wichtigste ist, dass Sie
etwas geschaffen haben, das für Sie eine
persönliche Bedeutung hat, weil Sie alles so
formuliert haben, dass Sie daraus eine
Bedeutung ableiten. Sie passen die

Informationen an Ihr mentales Schema an, nicht umgekehrt.

Insgesamt ist das Anfertigen von Notizen keine träge, passive Tätigkeit. Das ist das eigentliche Geheimnis von guten Notizen. Sie sollen als etwas dienen, auf das Sie sich beziehen können, das Sie sofort verstehen und als hilfreich empfinden, im Gegensatz dazu, dass Sie sie entziffern müssen. Das wird nicht funktionieren, wenn Sie erst versuchen müssen, den Sinn für Struktur und Organisation eines anderen zu verstehen.

Peter Brown, Autor des Buches *„Das merk ich mir!"*, vereinfacht diesen Punkt auf Notizen: Er behauptet, dass, wenn keine Anstrengung in den Lernprozess gesteckt wird, dieser nicht sehr lange anhält.

In einer Studie, die Brown zitierte, durften die Studenten Notizen zu einigem Material wortwörtlich abschreiben, wurden aber gebeten, *anderes* Material in ihren eigenen Worten neu zu formulieren. Als diese Studenten später getestet wurden, konnten sie sich viel besser an das Material erinnern, das sie selbst paraphrasiert hatten.

Es mag bequem sein - für die Studenten, wenn auch nicht für den Professor -, schriftliche Notizen zu Vorlesungen bereitzustellen. Aber der mangelnde Aufwand, den diese Unterrichtsgestaltung mit sich bringt, wird den Studenten behindern. Tatsächlich wird das Lernen umso schlechter sein, je weniger Mühe und Engagement ein Student aufbringen kann, um zurechtzukommen.

Ihre Notizen sind die Grundlage dafür, dass Ihr Gehirn Informationen verarbeiten, verstehen und sich einprägen kann. Das bedeutet, dass Sie sicherstellen müssen, dass Sie eine gute Grundlage haben, mit der Sie beginnen können.

Die letzte bewährte Methode zum Umgang mit Informationen für Selbstlerner ist die Kunst der Selbsterklärung. Auch hier erkennen Sie vielleicht Elemente aus der SQ3R-Methode wieder, insbesondere den Teil über das *Wiederholen*.

Selbsterklärung

Selbsterklärung klingt einfach, aber die Einfachheit hat Methode. Es ist mehr als lautes Denken. Es geht darum, Informationen zu erklären und zu artikulieren, um einen Grundstock an Wissen und blinden Flecken zu schaffen.

Blinde Flecken sind, wenn wir nicht erkennen, was wir nicht wissen. Aber mit Selbsterklärung werden Sie schnell lernen, was Sie nicht verstehen, und es könnte weit mehr sein, als Sie erwartet haben. So kann es sich manchmal im wirklichen Leben zeigen.

Wenn Sie mit kleinen Kindern unter sieben Jahren zu tun hatten, haben Sie vielleicht ein Phänomen beobachtet (oder erlebt, wenn Sie ein Elternteil sind), das wir „die Warum-Kette" nennen. Das ist, wenn Kinder eine anfängliche Frage über die Welt stellen - z. B. „Woher kommt der Regen?" - und, nachdem sie unsere Antwort gehört haben („Von den Wolken"), einen Pfad unerbittlicher Fragen weitergehen, um zu einer endgültigen, abschließenden Antwort zu gelangen („Warum halten die Wolken den Regen nicht auf?" „Warum können die Wolken nicht einfach auf die Erde fallen, die

immer noch wie Wolken geformt ist?"
„Warum lassen die Wolken an einem
sonnigen Tag den Regen nicht los?").

Ja, diese Art der Befragung kann ein Rezept
für Langeweile sein. Aber sie spiegelt die
angeborene Fähigkeit eines Kindes wider,
unendlich neugierig auf eine endgültige
Antwort zu sein. (Für Eltern kommt dieser
Punkt natürlich meist viel früher.)

Elaborative Befragung hat etwas mit dieser
kindlichen Untersuchung gemeinsam, außer
dass es sich auf fortgeschrittenere Themen
bezieht, denen Erwachsene (hoffentlich)
nachgehen können. Einfach ausgedrückt, ist
die elaborative Befragung ein Versuch,
Erklärungen dafür zu finden, *warum*
bestimmte Fakten wahr sind. Das ist es, was
das Verstehen vorantreibt, ebenso wie das,
was man *nicht* begreift.

Bei der elaborativen Befragung erkundigt
sich der Lernende, wie und warum
bestimmte Konzepte funktionieren. Nichts
ist vor dieser Befragung sicher. Sie gehen
ihr Lernmaterial durch, um die Antworten
zu ermitteln und versuchen, Verbindungen
zwischen all den Ideen zu finden, über die
sie gerade lernen. Können Sie einfache

Fragen beantworten oder zumindest verstehen, wie die Antwort lauten könnte?

„Warum"-Fragen sind bedeutsamer als „Was"-Fragen, die sich in erster Linie auf die Natur der Identifikation und des Auswendiglernens beziehen. Eine Reihe von „Warum"-Fragen führt zu einem besseren Verständnis der Faktoren und Gründe für ein bestimmtes Thema. Wir können uns alle Teile einer Blume einprägen - das Blütenblatt, das Staubgefäß, den Stempel, das Gefäß und so weiter -, aber die Namen allein sagen uns nichts. Wir müssen uns fragen, was jeder Teil einer Blume tut und warum diese Rolle für die Lebensdauer der Blume wichtig ist.

Diese Methode ist effektiv, weil sie einfach ist und jeder sie leicht anwenden kann. Elaborative Befragung erfordert jedoch ein gewisses Vorwissen über das Thema, um solide Fragen für sich selbst zu generieren.

Eine ausführliche Befragung könnte so ablaufen: Nehmen Sie an, Sie lernen etwas über die Große Depression der 1930er Jahre:

- Das erste, was Sie fragen würden, wäre: **Was war es?** Es war der größte weltweite wirtschaftliche Zusammenbruch in der Geschichte der industrialisierten Welt.

- **Was verursachte die Große Depression?** Einige Schlüsselereignisse, wie der Börsenkrach im Oktober 1929, der Zusammenbruch von über 9.000 Banken, der Rückgang der Konsumausgaben, die hohe Besteuerung von Importen aus Europa und die Dürre in der Landwirtschaft.

- Lassen Sie uns über den Börsencrash sprechen. **Warum ist er passiert?** Einige Experten waren besorgt über Margenverkäufe, Rückgänge auf dem britischen Aktienmarkt, unkontrollierte Spekulationen und einige fragwürdige Geschäftspraktiken in der Stahlindustrie.

- **Margenverkäufe? Was war das? Wie funktionierten Margenverkäufe und warum war es ein Problem?** Bei Margenverkäufen (oder Margenhandel) leiht sich ein Anleger Geld von einem Broker, um Aktien zu kaufen. So viele

Investoren nutzten dies, dass die meisten Aktienkäufe mit diesem geliehenen Geld getätigt wurden. Es funktionierte so gut, dass die Aktienkurse stiegen - und als die Vermögensblase platzte, fielen die Kurse. Da der Anleger kein Geld hatte, um das Darlehen zurückzuzahlen, hatten sowohl der Broker als auch der Anleger keinen Gewinn vorzuweisen.

Und von dort aus geht die Kette der Befragung weiter. Sie verwenden Ihr Studienmaterial, um die Antworten auf die „Warum"- und „Wie"-Fragen zu erhalten. Sobald Sie diese Antworten hinreichend ermittelt haben, gehen Sie zu den anderen Aspekten der Großen Depression und des Börsencrashs zurück und stellen fest, wie die einzelnen Aspekte zueinander in Beziehung stehen. *Wie wirkten sich Margenverkäufe auf die Banken aus? Wie wirkten sich das Margenverkäufe auf den Rückgang der Konsumausgaben aus? Wirkte sich die Dürre auf die Handelsbeziehungen mit Europa aus?*

Der allgemeine Sinn der elaborativen Befragung ist es, sicherzustellen, dass es keine Löcher in Ihrem Verständnis gibt. Wenn Sie in Ihrer eigenen Befragung bestehen können, ist es wahrscheinlich, dass Sie Tests und Prüfungen bestehen und auch andere Leute unterrichten können. Sie können mit den journalistischen Fragen (wer, was, wo, wann, warum, wie) beginnen und dann zu kontextuellen Fragen (wie ist das passiert und was passiert danach) übergehen, um einen guten, gründlichen Start zum Verständnis zu haben.

Die Bandbreite der Themen, für die Sie die elaborative Befragung verwenden können, ist praktisch unbegrenzt. Mathematikstudenten können sie zum Beispiel verwenden, um fortgeschrittene Berechnungen aufzuschlüsseln und Muster festzustellen, die bei höherstufigen Mathe-Themen helfen könnten. Wenn Sie Humanbiologie studieren, können Sie die Technik verwenden, um die spezifischen Bedingungen zu bestimmen, die zu medizinischen Zuständen wie hohem Cholesterinspiegel oder Herzrhythmusstörungen führen. Auch Literaturstudenten können die Technik verwenden, um Motive, Trends und

Themen in den Werken eines bestimmten Autors zu untersuchen.

Elaborative Befragungen sind, wenn Sie darüber nachdenken, eine Form der Selbstauskunft. Sie befragen sich selbst und sehen dann, ob Sie antworten können oder nicht. Sie sollten in der Lage sein zu sehen, wie Sie dadurch erfahren, wo es Ihnen an Verständnis und Fakten fehlt. Wissen zu haben ist natürlich wichtig für das Lernen, aber manchmal ist es genauso wichtig, keine blinden Flecken zu haben.

Die Feynman-Technik

Elaborative Befragung ist eine Methode, sich Fragen zu stellen, die sich darauf konzentriert, dass Sie das ganze Bild hinter einer Information sehen. Sie können die journalistischen Fragen oder kontextbezogene und Hintergrundfragen verwenden.

Die Feynman-Technik, benannt nach dem Physik-Nobelpreisträger Richard Feynman, ist eine andere Art des Diskutierens mit sich selbst. Bekannt als der „Großartige Erklärer", wurde Feynman für seine Fähigkeit verehrt, dichte Themen wie die

Quantenphysik für praktisch jeden verständlich zu erklären. In *Feynman's verschollene Vorlesung: Die Bewegung der Planeten um die Sonne* schreibt David Goodstein, dass Feynman stolz darauf war, die komplexesten Ideen mit den einfachsten Begriffen erklären zu können. Diese Methode stammte von seinen eigenen Lerntechniken als Student an der Princeton University, und er verfeinerte sie als Professor und Lehrer der Physik.

Die meisten von uns führen den größten Teil des Tages in der einen oder anderen Form innere Monologe. Die Verbalisierung dieser Gespräche im Kontext der Problemlösung regt dazu an, aufmerksamer darauf zu achten, wie Ihr Geist ein Problem bearbeitet.

Richtig durchgeführt, beweist die Feynman-Technik, ob Sie ein Thema wirklich verstehen oder bestimmte wichtige Konzepte übergangen haben. Außerdem eignet sie sich für fast jedes erdenkliche Thema und zeigt Ihnen die Wissenslücken auf, die Sie schließen müssen.

Wenn Sie das Gefühl haben, dass Ihre Erklärungen langatmig, ausschweifend oder langwierig sind, haben Sie das Thema vielleicht nicht so gut verstanden, wie Sie vielleicht dachten.

Die Nützlichkeit der Feynman-Technik ist besonders bei wissenschaftlichen oder technischen Themen hilfreich, aber sie ist für jedes Fach anpassbar. Literaturstudenten können sie verwenden, um Themen einzugrenzen, Historiker können sie verwenden, um Ereignisse und historische Muster zu erklären, und Studenten der Staatsbürgerkunde können sie verwenden, um Lebensbedingungen oder städtische Probleme zu verstehen - es gibt wirklich keine Einschränkung, wie Sie sie verwenden können. Alles, was Sie tun müssen, ist, die Fragen, die Sie sich stellen, ehrlich zu beantworten, und Sie werden schnell sehen, worauf Sie Ihre Aufmerksamkeit richten müssen.

Die Feynman-Technik ist eine spezielle Anwendung der elaborativen Befragung. Denken Sie daran, das Ziel ist nicht, die Fragen tatsächlich zu beantworten; es geht darum, zu sehen, was Sie *nicht* beantworten können - das ist die Information, die sie liefert. Sie besteht aus vier Schritten.

Schritt eins: Wählen Sie Ihr Konzept.

Die Feynman-Technik ist sehr breit anwendbar, also lassen Sie uns etwas auswählen, die wir in diesem Abschnitt verwenden können: die Gravitation. Nehmen wir an, dass wir entweder die Grundlagen der Gravitation verstehen oder sie jemandem erklären wollen. Das kann natürlich unterschiedlich sein, je nachdem, was man gerade lernt.

Schritt 2: Schreiben Sie eine Erklärung des Konzepts in einfachen Worten auf.

Schaffen Sie das? Ist das einfach oder schwierig? Dies ist der wirklich wichtige Schritt, denn er zeigt genau, was Sie über das Konzept der Schwerkraft wissen und was nicht. Erklären Sie es so einfach, aber genau, wie Sie können, und zwar so, dass auch jemand, der nichts über das Konzept weiß, es verstehen würde.

Um auf das Konzept zurückzukommen, das wir verwenden: Wie würden *Sie* Gravitation definieren? Würde es etwas sein, zu dem sich große Massen hingezogen fühlen?

Wäre es etwas, das uns fallen lässt? Oder würde es etwas darüber sein, wie unser Planet geformt wurde? Können Sie das, oder werden Sie darauf zurückgreifen zu sagen: „Nun, wissen Sie ... es ist die Schwerkraft!"

Dieser Schritt ermöglicht es Ihnen, Ihre blinden Flecken zu entdecken und zu sehen, wo Ihre Erklärung beginnt, auseinanderzufallen. Wenn Sie diesen Schritt nicht ausführen können, wissen Sie offensichtlich nicht so viel über das Thema, wie Sie dachten, und Sie wären schrecklich darin, es jemand anderem zu erklären.

Sie könnten in der Lage sein zu erklären, was mit Objekten passiert, die der Schwerkraft unterliegen und was passiert, wenn es keine Schwerkraft gibt. Sie könnten auch in der Lage sein, die Ursachen der Schwerkraft zu erklären. Aber alles, was dazwischen passiert, könnte etwas sein, von dem Sie annehmen, dass Sie es wissen, es beim Lernen aber immer wieder überspringen.

Schritt 3: Finden Sie Ihre blinden Flecken.

Wenn Sie im vorherigen Schritt nicht in der Lage waren, eine kurze Beschreibung der Schwerkraft zu finden, dann ist klar geworden, dass Sie große Lücken in Ihrem Wissen haben. Recherchieren Sie die Schwerkraft und finden Sie einen Weg, sie auf einfache Weise zu beschreiben. Sie könnten auf etwas wie „Die Kraft, die bewirkt, dass größere Objekte aufgrund ihres Gewichts und ihrer Masse kleinere Objekte anziehen." kommen. Was auch immer Sie nicht erklären können, dies ist ein blinder Fleck, den Sie beheben müssen.

Die Fähigkeit, Informationen zu analysieren und auf einfache Weise aufzuschlüsseln, demonstriert Wissen und Verständnis. Wenn Sie es nicht in einem Satz oder zumindest kurz und prägnant zusammenfassen können, haben Sie noch blinde Flecken, über die Sie lernen müssen. Mit dieser Technik können Sie diese leicht finden und sicherstellen, dass Sie die Konzepte verstehen, zu denen Sie sich Notizen machen und die Sie lernen. Ich möchte Sie ermutigen, sich einen Moment Zeit zu nehmen und dies gleich auszuprobieren. Welches scheinbar einfache Konzept können Sie versuchen zu erklären? Können Sie es tatsächlich, oder offenbart es irgendwo im Prozess einen Mangel an Verständnis?

Schritt 4: Verwenden Sie eine Analogie.

Erstellen Sie schließlich eine Analogie für das Konzept. Was ist der Zweck dieses Schrittes? Er ist eine Erweiterung von Schritt 3. Das Erstellen von Analogien zwischen Konzepten erfordert ein Verständnis der Haupteigenschaften und Merkmale jedes Konzepts. Dieser Schritt dient dazu, zu zeigen, ob Sie das Konzept auf einer tieferen Ebene wirklich verstehen oder nicht, und es einfacher erklären können. Sie können ihn als den wahren Test Ihres Verständnisses betrachten und ob Sie noch blinde Flecken in Ihrem Wissen haben.

Die Schwerkraft ist zum Beispiel so, wie wenn Sie Ihren Fuß in einen Pool setzen und die heruntergefallenen Blätter auf der Oberfläche davon angezogen werden, weil sie einen kaum sichtbaren Aufprall verursachen. Dieser Aufprall ist die Schwerkraft.

Dieser Schritt verbindet auch neue mit alten Informationen und lässt Sie ein funktionierendes mentales Modell nutzen, um tiefer zu verstehen oder zu erklären. Natürlich ist es unwahrscheinlich, dass Sie Schritt vier ausführen können, wenn Sie die Schritte zwei und drei nicht ausführen können; aber manchmal können Sie die Schritte zwei und drei ausführen und stellen fest, dass Sie Schritt vier nicht ausführen können - jetzt verstehen Sie die Grenzen Ihres Wissens besser.

Die Feynman-Technik ist ein schneller Weg, um herauszufinden, was Sie wissen im Gegensatz zu dem, was Sie zu wissen glauben, und sie erlaubt Ihnen, Ihre Wissensbasis zu festigen. Wenn Sie sich selbst immer wieder erklären und vereinfachen und dabei feststellen, dass Sie das nicht können, dann haben Sie gerade entdeckt, dass Sie nicht so viel wissen, wie Sie dachten.

Denken Sie daran, dass dies eine zusätzliche Erweiterung der elaborativen Befragung ist, bei der Sie sich selbst abfragen, indem Sie Fragen stellen, bei denen Sie Ihr Verständnis oder dessen Fehlen demonstrieren können.

Fazit:

- Interaktion mit Informationen - mit anderen Worten, wie man etwas, das auf dem Papier und dem Bildschirm ist, versteht und später für sich selbst nutzbar macht. Das ist Lernen in einer Nussschale, aber es gibt bewährte Methoden, die Sie auch außerhalb des traditionellen Klassenzimmers anwenden sollten.
- Die erste ist die SQ3R-Methode. Verwenden Sie sie. Es steht für „Survey, Question, Read, Recite, Review" (zu Deutsch: „Überblick gewinnen, Fragen, Lesen, Wiedergabe, Rückblick"). Dies ist nicht nur ein Verfahren, um ein Buch anzugreifen, sondern vielmehr ein Plan, um ganze Disziplinen und Bereiche anzugreifen - und was auch immer Sie für sich selbst zu lernen versuchen. Die

meisten Menschen werden einige Elemente der SQ3R-Methode anwenden, wie z. B. den Lese- und Wiederholungsteil, aber ohne die anderen Elemente ist ein tieferes Verständnis seltener und schwieriger.

- Zweitens: Cornell-Notizen. Verwenden Sie sie. Cornell-Notizen teilen Ihre Notizen in drei Teile auf: Notizen machen, Stichwörter aufschreiben und zusammenfassen. Auf diese Weise erstellen Sie Ihren eigenen Studienführer, mit der Möglichkeit, auf Kommando so detailliert zu werden, wie Sie wollen. Die Tatsache, dass Sie die Informationen dreimal durchgegangen sind, kann auch nicht schaden.

- Zum Schluss: Selbsterklärung. Tun Sie es. Wenn wir gezwungen sind, zu versuchen, uns selbst Konzepte zu erklären, werden wir schnell entdecken, was wir wissen und was wir überhaupt nicht wissen. Diese werden blinde Flecken genannt, und sie sind weitaus häufiger, als Sie vielleicht denken. Können Sie erklären, warum der Himmel blau ist oder wie die Schwerkraft funktioniert? Wahrscheinlich nicht auf

Anhieb, auch wenn Sie glauben, diese Konzepte zu verstehen. Die Feynman-Technik ist ein Ableger der Selbsterklärung, die ebenfalls dabei hilft, blinde Flecken zu finden, mit der zusätzlichen Komponente, eine Analogie zu verwenden, um zu erklären, was Sie zu wissen glauben.

Kapitel 3. Schneller lesen und mehr behalten

Im vorherigen Kapitel ging es darum, wie Sie Ihr Verständnis für neue Informationen festigen können. Wir sind verschiedene Techniken durchgegangen, die wissenschaftlich entwickelt wurden, um ein besseres Verständnis zu vermitteln und

Ihnen auch zu helfen, zu verstehen, was Sie nicht wissen.

Im nächsten Schritt geht es um das Lesen.

Lesen - das haben Sie schon als Kind getan. Was müssen Sie noch darüber lernen? Es stellt sich heraus, dass Sie wahrscheinlich nie gelernt haben, wie man schnell und effizient liest. Was immer Sie getan haben, war ausreichend, um zurechtzukommen, aber zu lernen, besser zu lesen und mehr Informationen zu behalten, ist eine Fähigkeit für sich. Es ist nicht nur das passive Aufnehmen von Informationen, an das Sie sich gewöhnt haben.

Die Chancen stehen gut, dass Sie, egal was Sie lernen, irgendwann darüber lesen müssen. Je mehr Sie lesen, desto besser, was bedeutet, je schneller und effizienter Sie lesen, desto schneller und effizienter wird Ihr Lernen sein. Wie erreichen Sie diesen Punkt?

Sie können sich oft zu einem Experten auf einem intellektuellen Gebiet machen, indem Sie einfach genug darüber lesen. Aber trotz der unglaublichen Wichtigkeit des Lesens sind die meisten Menschen äußerst ineffizient darin. Wie ein Kind, das nie über ein Krabbeln hinauskommt, haben die meisten Menschen genug Lesefähigkeiten, um sich fortzubewegen, aber sie sind weit davon entfernt zu laufen.

Der durchschnittliche Erwachsene liest mit einer Geschwindigkeit von 300 Wörtern pro Minute. Sie können verschiedene Lese- und Verständnistests online durchführen, um Ihre aktuellen Fähigkeiten zu testen, wenn Sie Ihre Wort-pro-Minute-Rate herausfinden möchten. Laut einem von Staples durchgeführten Schnelllesetest lesen Menschen im Durchschnitt so viele Wörter pro Minute:

- Schüler der dritten Klasse: 150 wpm
- Schüler der 8. Klasse: 250 wpm
- Durchschnittlicher Erwachsener: 300 wpm
- Durchschnittlicher Universitätsstudent: 450 wpm
- Durchschnittliche Führungskraft: 575 wpm
- Durchschnittlicher Universitätsprofessor: 675 wpm

Offensichtlich ist das nicht so gut für unser Selbstlernziel. Denken Sie an den Unterschied, wenn Sie auch nur 100 Wörter mehr pro Minute hinzufügen könnten. Sie wären in der Lage, ein Buch 25-33% schneller zu beenden. Sie könnten mehr Zeit mit dem verbringen, worauf es ankommt - mit dem Analysieren und Nachdenken über die Informationen, anstatt sie zu absorbieren. Oder Sie würden einfach Ihre Lektüre beenden und Zeit mit Ihren anderen Beschäftigungen und Hobbys verbringen.

In diesem Kapitel wird es darum gehen, Ihnen beizubringen, wie Sie sowohl schneller lesen als auch mehr behalten können. Sie werden das Beste aus beiden Welten bekommen. Es ist wichtig zu beachten, dass Speed-Reading als Konzept, ein Buch in wenigen Minuten zu lesen, weitgehend ein Mythos ist. Ein paar besondere Gelehrte und Genies auf der Welt mögen dazu in der Lage sein, aber für den Rest von uns können unsere sterblichen Gehirne die Dinge einfach nicht so verarbeiten wie ein Computer.

Wir stellen Ihnen vier der besten Tipps vor, wie Sie sich selbst trainieren können, um schneller zu lesen und gleichzeitig mehr Informationen zu behalten - für Normalsterbliche. Sie werden selbst sehen (irgendwann, nicht sofort!), dass das Schnelllesen selbst kein Mythos ist und Sie es in Ihrem Streben nach besserem Lernen nutzen können. Was Sie erwartet, sind die folgenden Punkte: wie Sie mit dem Subvokalisieren aufhören, wie Sie Ihre Augen trainieren, sich zu weiten und zu dehnen, wie Sie strategisch nach wichtigen Informationen überfliegen und wie Sie sich besser fokussieren und aufmerksam bleiben. Wir beginnen mit Subvokalisationen.

Subvokalisationen stoppen

Was sind Subvokalisationen?

Als Sie angefangen haben zu lesen, haben Sie wahrscheinlich laut gelesen. Ihr Grundschullehrer wollte, dass Sie das Buch lesen und die Wörter laut aussprechen. Nachdem Sie diese Fähigkeit gemeistert hatten, wurde Ihnen gesagt, Sie sollten die

Wörter einfach in Ihrem Kopf sagen und leise lesen.

Wenn es um das Lesen geht, sind wir oft durch die Zeit eingeschränkt, die unser Unterbewusstsein braucht, um die Wörter nebenbei auszusprechen. Wir sprechen sie nicht laut aus, aber unser Verstand spricht sie unbewusst: Dies ist als „Subvokalisieren" bekannt. An dieser Stelle enden die meisten Leseausbildungen und - fähigkeiten.

Um auf eine neue Ebene zu gelangen, müssen Sie aufhören, die Wörter in Ihrem Kopf zu vertonen. Das Subvokalisieren kostet Zeit - mehr Zeit als nötig ist, um die Wörter zu verstehen, die Sie lesen. Es ist fast unmöglich, beim Subvokalisieren viel mehr als 400 oder 500 Wörter zu verstehen. Und selbst dann hört es sich an, als hätten Sie einen Herzinfarkt, weil Sie in Ihrem Kopf so schnellsprechen.

Wenn wir ein Wort laut aussprechen, braucht das eine gewisse Zeit, um es auszusprechen. Wenn wir jedoch lesen, müssen wir die Wörter nicht aussprechen. Wir können sie einfach aufnehmen. Also müssen Sie trainieren, zu lesen, ohne die Wörter im Kopf zu hören.

Wenn jemand mit etwa tausend Wörtern pro Minute liest (durchaus möglich und trainierbar), ist es unmöglich, dass er die Wörter in seinem Kopf hört, während er sie zu verarbeiten versucht. Stattdessen sieht er einfach das Wort und sein Gehirn extrahiert die Bedeutung dessen, was geschrieben wurde. Es geht darum, die Bedeutung zu verarbeiten, ohne die Worte laut auszusprechen - das ist der Knackpunkt dabei, mit den Subvokalisationen aufzuhören. Und es klingt deshalb nicht einfach, weil es tatsächlich eine schwer zu durchbrechende Gewohnheit ist!

Da die meisten Menschen derzeit nicht in der Lage sind, die Subvokalisation vom Verstehen zu trennen, sind sie bei einer Rate von etwa 400-500 Wörtern gefangen. Um über diese Rate hinauszukommen, müssen Sie akzeptieren, dass *Ihr Verstand und Ihre Augen schneller lesen als Ihr Mund.*

Beginnen Sie damit, ein beliebiges Wort in einem Absatz herauszusuchen und es einen

Moment lang in völliger Stille zu betrachten. Schauen Sie es an, und anstatt das Wort gedanklich zu wiederholen, denken Sie darüber nach, was es darstellt und bedeutet. Denken Sie über seinen Sinn nach. Sie können es auch nur mental beschreiben, anstatt es laut in Ihrem Kopf zu lesen. Es wird immer noch ein kleines bisschen Subvokalisation geben, aber durch das bloße Betrachten von Wörtern ohne den Wunsch, sie auszusprechen, wird sich die neue Gewohnheit von selbst bilden.

Dieser Teil mag sich am Anfang obskur oder abstrakt anfühlen, und das ist völlig normal. Es mag sich sogar unmöglich anfühlen, und auch das ist normal, denn Sie ändern grundlegend, wie Sie Informationen aufnehmen. Das Einzige, womit Sie sich beschäftigen müssen, ist das einfache Betrachten von Wörtern, ohne den Wunsch zu hören, wie sie klingen.

Als nächstes suchen Sie sich irgendwo einen Satz aus oder schreiben ihn sogar selbst. Anstatt nun beim Lesen zu subvokalisieren, gibt es ein paar Dinge, die Sie ausprobieren können, um zu sehen, ob sie für Sie funktionieren.

Erstens: Stellen Sie es sich visuell vor. Zweitens, summen Sie beim Lesen vor sich hin, so dass Sie es buchstäblich nicht lesen können, weil Sie summen. Drittens können Sie auf die gleiche Weise das Lesen üben, während Sie Kaugummi kauen, unter der gleichen Prämisse, dass es das unbewusste Subvokalisieren erschwert. Sie beschäftigen Ihre innere Stimme einfach mit etwas anderem, lassen aber die Verarbeitung zu.

Nehmen Sie zum Beispiel einen Satz wie „Die Bienen kommen". Visualisieren Sie, wie das aussieht, anstatt die Worte selbst zu sagen. Das ist der Punkt, an dem Sie beginnen.

Subvokalisationen können schwer zu eliminieren sein, aber es ist ziemlich klar, dass man schneller denken als sprechen kann. Somit versteht man, wie wichtig es ist, schneller zu lesen.

Der nächste Schritt zum schnelleren Lesen besteht darin, Ihre Augen zu trainieren und zu üben - sie in Form zu bringen, um schneller lesen zu können. Ihre Augen sind schließlich auch Muskeln, also müssen Sie

sie für die größere Arbeitsbelastung trainieren, die Sie ihnen zumuten wollen.

Trainieren Sie Ihre Augen

Der nächste wichtige Schritt beim Erlernen des schnelleren und effizienteren Lesens ist das Training Ihrer Augen. Ihre Augen sind Muskeln, also müssen sie trainiert und auf das schnellere Lesen vorbereitet werden. Offensichtlich ist es eine größere Belastung für Ihre Augen, als Sie es gewohnt sind. Wenn Sie in Ihrer Freizeit lesen, bewegen sich Ihre Augen vielleicht kaum, aber schnelles Lesen ist eine konzentrierte Tätigkeit, die Zeit und Mühe erfordert - mit großen Vorteilen für Sie.

Beim sogenannten normalen Lesen bleiben Ihre Augen beim Lesen nicht an einer Stelle fixiert. Eye-Tracking-Studien haben gezeigt, dass Ihre Augen tatsächlich stark zittern und sich bewegen. Diese Bewegungen werden *Sakkaden* genannt. Und jede Bewegung weg von Ihrer Position im Text erfordert ein paar Millisekunden, um sich neu zu justieren und zu fokussieren. All diese winzigen Anpassungen bei der Lokalisierung Ihres Platzes in einem Buch summieren sich zu einer sehr hohen Belastung für Ihre Lesegeschwindigkeit.

Sie trainieren also nicht wirklich, Ihre Augen *mehr* zu bewegen - vielmehr trainieren Sie sie, sich *weniger* und kontrollierter zu bewegen, um keine Energie und Anstrengung zu verschwenden. Es ist einfacher als Sie denken, auch wenn Sie sich anfangs vielleicht wie in der Grundschule fühlen.

Es gibt zwei Möglichkeiten, dies zu tun. Die erste ist, Ihren Finger oder einen anderen Gegenstand als Zeiger zu verwenden. Die zweite besteht darin, Ihr peripheres Sehen zu stärken und zu lernen, sich auf Teile von Wörtern zu konzentrieren, anstatt auf einzelne Wörter.

Sich beim Lesen mit dem Finger zu orientieren, wird oft als etwas angesehen, das Kindern vorbehalten ist und dann vergessen wird, sobald sie den Dreh raus haben. Es ist wichtig, weil es Sie in der Spur hält und sicherstellt, dass Sie nicht abgelenkt werden oder Energie verschwenden.

Dieser Trick erweist sich auch beim Erlernen des Schnelllesens als nützlich. Benutzen Sie Ihren Zeigefinger, um zu markieren, wo Sie sich auf der Seite zu jeder Zeit befinden. Er sollte dem Wort, das Sie gerade lesen, folgen und langsam über jede Zeile und dann wieder eine Zeile nach unten scrollen. Es mag sich anfangs unangenehm anfühlen und sogar Ihre Lesegeschwindigkeit vorübergehend verlangsamen, wenn Sie sich daran gewöhnen, aber die Verwendung eines Zeigers ist entscheidend, wenn Sie Ihre Lesefähigkeit verbessern wollen.

Indem Sie Ihren Finger schneller bewegen, als Sie tatsächlich lesen können, gewöhnen sich Ihre Augen daran, den Text schneller zu sehen, als Ihr Gehirn das Geschriebene verarbeiten kann. Dadurch wird die Bindung an die Subvokalisation durchbrochen und Sie können Ihre Lesegeschwindigkeit mit ausreichender Übung leicht steigern.

Wenn Sie einen Zeiger verwenden, besteht Ihr primäres Ziel darin, den Zeiger in einem sehr gleichmäßigen Tempo zu bewegen. Sie sollten Ihren Finger nicht anhalten oder verlangsamen. Er sollte einfach mit einer sehr gleichmäßigen Geschwindigkeit von einer Seite des Textes zur anderen gleiten.

Machen Sie weiter und versuchen Sie es gleich jetzt mit einem beliebigen Schriftstück, das vor Ihnen liegt. Sie können diese Lektion sogar für eine Minute unterbrechen, um es zu versuchen. Sie kommen sich vielleicht albern vor, aber Sie werden feststellen, dass die Verwendung eines Fingers Ihre Augenbewegungen fokussiert und Sie sogar zu einer schnelleren Geschwindigkeit antreibt.

Eine der größten und einfachsten Offenbarungen auf Ihrem Weg zum Schnellleser wird darin bestehen, zu erkennen, wie sehr sich Ihre Augen beim Lesen bewegen. Der durchschnittliche Mensch kann seine Augen nicht in einer einzigen, fließenden Linie bewegen, ohne dass er zurückgehen muss. Wenn Sie anfangen, auf Ihre Augen zu achten, werden Sie garantiert bemerken, wie oft Sie sich zurückbewegen, dann vorwärts und dann wieder zurück. Auf lange Sicht verlängert dies Ihr Leseerlebnis um ganze Stunden und könnte Sie sogar davon abhalten, das Buch überhaupt zu beenden.

Der zweite Teil des Augentrainings, neben der Verwendung eines Zeigers und der Beruhigung übermäßiger Augenbewegungen, ist der Umgang mit der *Augenfixierung*. Eine Augenfixierung ist eine Stelle auf der Seite, an der Ihr Auge zum Stillstand kommt. Leser, die weniger Augenfixierungen vornehmen, lesen schneller, weil sie mit jeder Fixierung mehr Wörter aufnehmen.

Je größer Ihre Sehspanne ist, desto mehr Wörter können Sie in einer Augenfixation verarbeiten und desto schneller können Sie lesen - und natürlich desto weniger Augenfixationen machen Sie jeweils auf einer Seite. Um mit der Augenfixation umzugehen, müssen wir also im Grunde die Menge, die wir auf einmal sehen können, erweitern. Das Erlernen der Fähigkeit, viele Wörter auf einmal zu sehen, ist für das Schnelllesen unerlässlich. Das Ziel ist es, nicht mehr nur ein einzelnes Wort auf einmal zu sehen, sondern zu lernen, wie man sich Wortblöcke ansieht.

Sie versuchen, Ihr peripheres Sehen zu stärken. Das *makulare Sehen* ist Ihr primärer Fokus. Wenn Sie direkt auf etwas schauen, sehen Sie mit Ihrem Makulablick. *Peripheres Sehen* ist das, was Sie im Bereich außerhalb Ihrer Makulasicht weniger deutlich sehen. Da die Rezeptorzellen auf der Netzhaut Ihres Auges in der Mitte konzentriert sind und zu den Rändern hin weniger konzentriert sind, sind Farben und Formen im peripheren Sehen schwerer zu unterscheiden (obwohl Sie Bewegungen schnell wahrnehmen können).

Aber Sie können nach links, rechts, oben und unten den Bereich sehen, der von Ihrer Makulasicht begrenzt wird. Der Punkt ist, dass sich Ihr peripheres Sehen verbessern muss, um schneller zu lesen und die Augenfixierungen zu reduzieren. Sie müssen also Ihre Augen trainieren, um dies zu erreichen.

An jedem Ihrer Augen befinden sich sechs Muskeln. Diese Muskeln steuern alle Bewegungen, die Ihre Augen machen, einschließlich der Bewegungen, die Ihre Augen nach oben, unten und rundherum schauen lassen. Augenmuskeln helfen Ihren

Augen auch, sich auf nahe und weit entfernte Objekte zu konzentrieren. Genau wie jeder andere Muskel in Ihrem Körper, hilft Training Ihren Augenmuskeln, Kraft und Flexibilität zu gewinnen. Und genau wie bei anderen Muskeln gibt es speziell entwickelte Übungen, die helfen, die Augenmuskeln zu stärken und flexibel zu machen.

Hier finden Sie eine einfache Augenübung, die Ihnen helfen soll, die Flexibilität der Augenmuskeln aufzubauen und Ihre Lesegeschwindigkeit zu erhöhen.

Um zu beginnen, sitzen oder stehen Sie und richten Sie Ihren Blick geradeaus. Als nächstes strecken Sie jede Hand zur Seite aus, wie Sie es früher getan haben, als Sie so taten, als wären Sie ein Flugzeug. Strecken Sie beide Daumen nach oben in Richtung Himmel und halten Sie diese Pose.

Halten Sie nun den Kopf gerade und bewegen Sie Ihre Augen nach rechts, bis Sie Ihren Daumen sehen können. Wenn Sie ihn nicht ganz sehen können, strecken Sie Ihre Augen einfach so weit nach rechts, wie Sie können. Schauen Sie dann nach links, während Sie darauf achten, dass Sie Ihren Kopf ruhig halten und geradeaus schauen. Dies ist die erste Wiederholung. Versuchen Sie, Ihren Kopf nicht zu bewegen, sondern nur Ihre Augen, so dass Sie Ihre Augen zu jeder Seite dehnen und die beteiligten Muskeln arbeiten.

Schauen Sie noch weitere neun Mal von rechts nach links und von links nach rechts. Das ist ein Satz mit 10 Wiederholungen. Wiederholen Sie die Abfolge von 10 Blicken zu jeder Seite für insgesamt drei Sätze. Ihre Augen sollten sich am Ende ziemlich müde anfühlen; es wird ein seltsames und ungewohntes Gefühl sein.

Es scheint nicht so zu sein, aber dieser Akt des Dehnens und Arbeitens Ihrer Augenmuskeln wird Ihr Blickfeld erweitern. Wo Sie sich vorher nur auf ein Wort konzentrieren konnten, haben Sie jetzt die Fähigkeit, sich visuell auf zwei oder drei zu konzentrieren. Wenn Ihre peripheren Augenmuskeln stärker werden, können Sie vielleicht sogar eine ganze Textzeile mit einem Blick erfassen. Der Punkt ist, wenn Sie sich nur verdoppeln, indem Sie zwei Wörter auf einmal sehen, haben Sie Ihre

Lesegeschwindigkeit allein durch das Training Ihrer Augen effektiv verdoppelt. Diese Technik, zusammen mit der Verwendung eines Zeigfingers oder eines Objekts, wird Ihnen enorm helfen, besser zu lesen.

Der nächste Schritt, um besser lesen zu können, ist das strategische Überfliegen von Informationen und wie man die wichtigen Teile herauszieht, indem man weiß, worauf man achten muss und was man überspringen kann.

Strategisch abschöpfen

Der nächste Schritt, um schneller zu lesen, besteht darin, zu verstehen, wie Sie Ihr Material strategisch überfliegen können - nachdem Sie die Subvokalisationen gestoppt und Ihre Augen trainiert haben. Für die meisten von uns hat das Überfliegen einen negativen Beigeschmack. Es ist, wenn wir unter Zeitdruck stehen und nur den ersten Satz eines jeden Absatzes lesen können - oder welche Methode auch immer Sie für sinnvoll halten. Dies ist nicht die gleiche Art des Überfliegens.

Offen gesagt, sind nicht alle Informationen gleich, und das kann sogar innerhalb von Sätzen und Absätzen der Fall sein. Es gibt einige Dinge, die dazu bestimmt sind, unsere Zeit beim Lesen zu verschwenden, daher sollten wir genau lernen, was man überspringen darf, worauf man sich konzentrieren muss und wie man das alles handhabt. Beim Überfliegen von Informationen geht es in unserem Zusammenhang darum, Zeit zu sparen und das, was vor einem liegt, zu durchschauen.

Hier überfliegen wir den Inhalt auf eine Art und Weise, die es Ihnen ermöglicht, genauso viel zu behalten, indem wir einfach das Füllmaterial weglassen. Beim traditionellen Überfliegen werden etwa 75% des Inhalts übersprungen - hier werden nur 25% des Inhalts übersprungen. Wie machen wir das? Es gibt drei miteinander verknüpfte Methoden.

Beginnen und beenden Sie zunächst das Lesen von drei Wörtern am Rand der Seiten.

Standardmäßig lesen wir immer das erste Wort auf der linken Seite und gehen bis zum letzten Wort auf der rechten Seite. Man hat uns beigebracht, gründlich zu sein und keinen Stein auf dem anderen zu lassen. Aber hier ist der Trick: Sie können beim dritten Wort von links beginnen und drei Wörter vor dem Ende aufhören, und Ihr peripheres Sehvermögen nimmt die ersten beiden und die letzten beiden Wörter einfach automatisch auf.

In einer Zeile mit 10 Wörtern brauchen Sie so nur sechs Wörter zu „lesen" und sparen 40% des Aufwands und der Zeit. Das summiert sich natürlich recht schnell. Wie bei all diesen Techniken, probieren Sie es eine Sekunde lang aus. Fühlt es sich merkwürdig an? Fühlt es sich an, als würden Sie wichtige Informationen auslassen? Probieren Sie es einfach aus, und Sie werden feststellen, dass Ihnen nichts zum Verständnis fehlt - Ihr Gehirn wird es ausfüllen, und Sie werden in der Lage sein, es durch den Kontext des Satzes herauszufinden.

Zweitens: Überspringen Sie *bedeutungslose* Wörter.

Um das klarzustellen: Das Überspringen kleiner Wörter ist nicht ganz dasselbe wie das Überfliegen des Gelesenen. Wenn Sie überfliegen, behalten Sie die Wörter oder Ideen, die Sie konsumieren, nicht bei. Sie haben vielleicht ein allgemeines Gefühl für die Arbeit, aber die feinen Details werden wahrscheinlich verloren gehen.

Beim Lernen, wie man schneller liest, geht es darum, die kleinen, unnötigen Wörter zu eliminieren, die eine Seite füllen. Nicht jedes Wort ist gleich. Es gibt viele kleine, obskure Wörtchen, die Ihnen nicht helfen, und der Versuch, sich zu zwingen, sie zu lesen, kann nur schaden. Natürlich haben diese Wörter ihren Platz, und wir brauchen sie, um Sätze und Ideen zu konstruieren! Aber wenn wir versuchen, schnell zu lesen, können wir diese Wörter oft überspringen, ohne dass dies negative Auswirkungen hat: „wenn", „ist", „zu", „der", „und", „war".

Das Beste am Überspringen der kleinen Wörter ist, dass sie nichts Nützliches beitragen. Sie effektiv zu überspringen bedeutet also, dass Sie in weniger Zeit mehr aus Ihrem Leseerlebnis herausholen. Wenn Sie ein belletristisches oder poetisches

Buch lesen und die Prosa und den Satzbau schätzen möchten, funktioniert dieser Tipp vielleicht nicht für Sie. Aber andererseits würden Sie ohnehin nicht versuchen, diese Bücher schnell zu lesen!

Schauen wir uns einen Beispielsatz an, der einige dieser nutzlosen Wörter verwendet. „**Der** Hund ging **ins** Haus **und** fraß sein Abendessen, **das aus** übrig gebliebenen Spaghetti bestand." Wie viele Wörter können Sie aus diesem Satz streichen? Mindestens vier oder fünf. Der Satz besteht aus 15 Wörtern. Das ist ein Drittel des Satzes!

Drittens: Suchen Sie nach *wichtigen* Wörtern. Dies hängt mit dem vorherigen Punkt des Ignorierens nutzloser Wörter zusammen. Wenn Sie erkennen können, was in einem Satz wichtig ist, ist dieses Verständnis alles, was nötig ist. Wenn Sie einen beliebigen Satz lesen, werden Sie wahrscheinlich 90% der Bedeutung von 50% der Wörter erhalten, und für die Zwecke des schnellen Lernens sind die restlichen Wörter unnötige Füllwörter.

Zum Beispiel: „Ich war gestern beim Tierarzt, weil meine Katze krank war." Das ist ein Satz mit 10 Wörtern.

Was sind die wichtigen Wörter in diesem Satz? „Tierarzt", „gestern", „Katze" und „krank". Es sind nur vier Wörter in dem Satz, und alles andere ist nicht notwendig, um die Bedeutung zu verstehen. Sie können die Bedeutung des Satzes absolut nur aus diesen Wörtern erschließen. Dies ist einfacher als der vorherige Schritt und ermöglicht es Ihnen auch, mehr Zeit von den sogenannten bedeutungslosen und nutzlosen Wörtern zu sparen.

Nehmen wir ein anderes einfaches Beispiel. „Ich möchte nach China gehen, weil ich gehört habe, dass das Essen dort sehr lecker ist und die Leute nett sind."

Wie viele Wörter brauchen Sie wirklich, um die Bedeutung in diesem Satz zu verstehen? „Wollen", „gehen", „China", „Essen", „lecker", „Leute" und „nett". Das sind sieben von 21 Wörtern des Satzes. Sie können sehen, wie wertvoll diese Methode sein kann.

Das Überfliegen von Absätzen auf diese Weise erfordert etwas Übung, aber es kann Ihre Lesegeschwindigkeit erheblich steigern. Und das Schöne ist, dass Sie, wenn Sie einen Absatz überfliegen und den Sinn nicht ganz erfassen, einfach zurückgehen, langsamer werden und die Wörter wieder einfügen, bis es Sinn ergibt. Dann machen Sie sich wieder auf den Weg.

Strategisches Überfliegen von Informationen ist wahrscheinlich nicht das, was Sie anfangs dachten. Die meisten Leute denken beim Überfliegen von Informationen, dass sie schnell durchgehen und alle wichtigen Teile auslassen. Aber hier bedeutet Überfliegen zu lernen, wie man Informationen analysiert und nur das liest, was man braucht, um die Bedeutung und das Verständnis zu erhalten. Es ist anstrengender, aber sehr lohnend auf dem Weg, besser zu lernen und schneller zu lesen.

Der letzte Teil des schnelleren Lesens besteht darin, wie man den Fokus und die Aufmerksamkeit gewinnt und Ablenkungen ignoriert.

Fokus und Aufmerksamkeit

Es sollte selbstverständlich sein, dass Lesen nicht etwas ist, das man multitaskingfähig ist. Es erfordert Ihre gesamte Aufmerksamkeit und Konzentration. Leider behandeln die meisten von uns das Lesen nicht mit dem Respekt, den es verdient, und deshalb ertappen wir uns oft dabei, dass wir denselben Absatz immer und immer wieder durchlesen. Wie können wir unseren Fokus verbessern, wenn es um das Lesen im Speziellen geht?

In diesem letzten Abschnitt geht es darum, dass Sie Ihren Fokus beibehalten und die anderen Techniken nicht schwächer werden, wenn Sie sich einfach nicht auf Ihre Materialien konzentrieren können!

Erstens: Beseitigen Sie Ablenkungen. Es wird immer Ablenkungen geben, die sich Ihrer Kontrolle entziehen, aber wir befassen uns mehr mit den Ablenkungen, die Sie unter Kontrolle haben. Vermeiden Sie ungeplante und unerwünschte Ablenkungen.

Wenn z. B. Ihr Telefon während des Lesens zu klingeln beginnt, ist dies eine Ablenkung, die Sie selbst steuern und die Sie beseitigen können. Schalten Sie einfach Ihr Telefon für die Zeit, in der Sie lesen, aus. Wenn Sie den ständigen Drang haben, Ihre E-Mails oder Facebook zu checken, während Sie lesen, dann versuchen Sie, Ihren Computer auszuschalten, während Sie lesen. Wenn Sie ständig von anderen Personen unterbrochen werden, sollten Sie vielleicht versuchen, an einem anderen Ort zu lesen. Dies sind alles Ablenkungen, die kontrolliert werden können. Und wenn sie kontrolliert werden können, sollten wir sie eliminieren, um ein höheres Maß an Konzentration beim Lesen zu erreichen.

Welche anderen Ablenkungen haben Sie unter Kontrolle? Nun, fast alles, womit Sie sich in Ihrer physischen Umgebung umgeben. Das ist ein Anfang. Als Nächstes können Sie Menschen proaktiv sagen, dass sie Sie während eines bestimmten Zeitraums nicht ablenken sollen - sie wissen vielleicht nicht, dass Sie versuchen, sich zu konzentrieren, so dass Sie ihre ungeplante ablenkende Präsenz verhindern können.

Zweitens: Machen Sie ein Spiel daraus. Wie schnell können Sie eine Seite eines Textes lesen und dabei ein hohes Maß an Verständnis beibehalten? Warum stoppen Sie nicht Ihre Zeit und versuchen, Ihren Rekord Seite für Seite zu schlagen?

Erinnern Sie sich daran, wie es war, ein Kind zu sein? Alles war ein Spiel! Wissen Sie noch, wie lange Sie sich auf ein Spielzeug oder ein Spiel konzentriert haben, das Sie interessant fanden? Als wir erwachsen wurden, haben wir vergessen, dass wir alles in ein Spiel verwandeln können.

Spiele motivieren uns und aktivieren Teile des Gehirns, die mit unserem Bedürfnis nach Unterhaltung und Herausforderung verbunden sind. Indem wir kleine Spiele mit unserem Lesestoff machen, können wir unserem Gehirn vorgaukeln, dass wir ein Spiel spielen, anstatt uns mit der mühsamen Aufgabe des Lesens zu beschäftigen. Oft lesen wir uns mit Eifer durch langweiliges Material, weil es den Unterschied zwischen einer bestandenen und einer nicht bestandenen Note in der Schule bedeuten kann oder dass wir im

Beruf unsere Arbeit nicht schaffen. Das führt nur dazu, dass wir ausbrennen. An einem Punkt in meinem Leben hat es mich dazu gebracht, das Lesen im Allgemeinen zu hassen.

Alles, was wir tun müssen, ist, unsere Perspektive auf das Material zu ändern und die Freude am Lesen von etwas zu imitieren, das uns tatsächlich interessiert. Dadurch wird das Lesen viel flüssiger und müheloser, und Sie könnten Ihre eigene Leseutopie schaffen, in der selbst der langweiligste Stoff noch Spaß macht. Alles, was Sie tun müssen, ist eine Stoppuhr oder eine Uhr zu haben, und Sie können versuchen, zu sehen, wie viel Sie alle fünf oder 10 Minuten schreiben, aufnehmen oder lesen können. Wiederholen Sie das Ganze und machen Sie es zu einem Spiel, bei dem Sie mit sich selbst konkurrieren. Vielleicht stellen Sie fest, dass das Spiel Sie motiviert, Ihre Aufmerksamkeit besser zu fokussieren.

Drittens: Achten Sie darauf, dass Sie Pausen machen. Peter Drucker, der Vater der Unternehmensführung, spricht in seinem Buch *„Die Ideale Führungskraft"* davon, dass

50-minütige Zeitabschnitte ideal sind, um sich auf eine einzige Aufgabe zu konzentrieren. Das liegt daran, dass 50 Minuten die ideale Zeitspanne ist, um sich auf eine Aufgabe zu konzentrieren, bevor wir eine Pause brauchen. Etwas passiert, wenn wir die 50-Minuten-Marke überschreiten. Unser Gehirn beginnt, ineffizienter zu werden. Dann ist es Zeit für eine 10-minütige Pause. Nach der Pause können Sie sich für weitere 50 Minuten auf das Lesen konzentrieren. Wenn Sie diesen Zyklus anwenden, werden Sie nicht nur das meiste aus dem Lesen herausholen, sondern Sie werden auch in der Lage sein, Ihren Fokus zu trainieren und die Gewohnheit zu entwickeln, in einem bestimmten Tempo zu arbeiten.

Achten Sie darauf, dass Sie spätestens alle 50 Minuten eine Pause einlegen, da sonst Ihr Gehirn anfängt, den Fokus zu verlieren und Sie langsam anfangen, jeden Satz oder Absatz ein paar Mal zu lesen, bevor Sie ihn aufnehmen können. Der Punkt ist, dass Sie eine Pause brauchen, egal ob Sie nur 25 Minuten oder bis zu 50 Minuten lesen. Stellen Sie sich das Gehirn als einen Muskel vor - ein Sportler muss seine Muskeln während des Trainings ausruhen, und das gilt auch für Sie.

Lesen zu lernen ist nicht schwer - wir haben es alle schon getan. Aber zielgerichtetes Lesen zu lernen, und wie man es optimal macht, ist vielleicht völlig neu für Sie. Behandeln Sie es mit der Aufmerksamkeit, die es verdient, und es wird Ihrem Lernen im Allgemeinen sehr helfen.

Schnelleres Lesen ist eine große Komponente des besseren Lernens. Wenn Sie hauptsächlich durch das geschriebene Wort lernen, ist es klar, dass Sie lernen sollten, schneller und effizienter damit umzugehen.

„Wie man ein Buch liest"

Wussten Sie, dass es vier Stufen des Lesens gibt?

Die vier Ebenen des Lesens wurden von dem Philosophen Mortimer Adler in seiner passend betitelten Publikation *How to Read a Book* entwickelt. Adler erklärt, dass Lesen kein einzelner, universell konsistenter Akt ist. Er unterteilt den Akt des Lesens in vier einzelne Ebenen, die sich in Zweck, Anstrengung und Zeitaufwand unterscheiden. Darüber hinaus gelten verschiedene Ebenen für verschiedene Arten des Lesens - manche Bücher können für alle Ebenen geeignet sein, während andere nur eine oder zwei unterstützen. Vor allem auf den beiden höheren Stufen wird das genaue Befolgen dieser Leseebenen Ihr Fachwissen über das Thema erheblich fördern. Wenn Sie diese Art des Verstehens mit Schnelllesen kombinieren, können Sie eine Lernmaschine werden.

Dies sind Adlers vier Ebenen des Lesens, von der einfachsten bis zur komplexesten:

• Elementares / Einfaches Lesen

• Prüfendes Lesen

• Analytisches Lesen

• Syntopisches Lesen

Einfaches Lesen. Diese Stufe haben Sie bereits hinter sich - es geht im Wesentlichen um das Lesenlernen. Es ist die Art von Lesen, die in der Grundschule gelehrt wird. Sie lernen, was die Buchstaben sind, wie die Wörter ausgesprochen werden und was sie objektiv bedeuten. Man weiß, dass der Satz „Die Katze liegt auf dem Bett" bedeutet, dass eine Katze auf dem Bett liegt und *nicht*, dass ein Hund auf der Couch liegt. Unglaublich, oder?

Die Elementarstufe gilt auch für einen Erwachsenen, der eine neue Sprache lernt und das Verstehen neuer Alphabete, Vokabeln und Aussprache trainiert werden muss. Es gilt auch für einen Studenten, der zum ersten Mal ein technisches Lehrbuch liest und eine neue Syntax oder einen speziellen Jargon lernen muss. Jedes Mal, wenn Sie auf eine neue Sprache, einen neuen Dialekt oder ein neues Lexikon stoßen, machen Sie eine elementare Lektüre.

Prüfendes Lesen. Die nächsthöhere Stufe für Leser ist das Verstehen der Essenz eines bestimmten Buches, aber nicht das Verdauen des gesamten Inhalts. Man nennt dies die Inspektionsstufe, und sie wird manchmal von begeisterten Lesern verunglimpft oder abgewertet. Aber für die

Entwicklung von Fachwissen ist es ein sehr wertvoller Prozess.

Das Inspektionslesen hat eigentlich zwei eigene Ministufen:

- *Systematisches Überfliegen.* Das ist das beiläufige Überfliegen bestimmter Elemente eines Buches abseits des Textes: das Überfliegen des Inhaltsverzeichnisses und des Index oder das Lesen des Vorworts oder des Klappentextes auf dem Umschlag. Wenn Sie ein E-Book beurteilen, könnte das auch bedeuten, dass Sie die Online-Beschreibung und Kundenrezensionen lesen. Systematisches Überfliegen gibt Ihnen genug Informationen, um zu wissen, was das Buch ist und wie Sie es einordnen würden: „Es ist ein Roman über den Zweiten Weltkrieg" oder „Es ist ein Buch, das erklärt, wie man die französische Küche kocht." Das war's.

- *Oberflächliches Lesen.* In dieser Phase liest man das Buch tatsächlich, aber auf eine sehr beiläufige Art und Weise. Sie beginnen am Anfang und nehmen das Material auf, ohne es zu konsumieren oder zu viel darüber nachzudenken. Sie machen sich keine Notizen an den Rändern. Sie schlagen keine unbekannten Ausdrücke oder Konzepte nach - wenn Sie eine Passage nicht verstehen, fahren Sie einfach mit dem nächsten Teil fort. Beim oberflächlichen Lesen bekommen Sie eher ein Gefühl für den Ton, den Rhythmus und die allgemeine Richtung des Buches, als dass Sie jedes einzelne Element der Erzählung in sich aufnehmen.

Inspektionslesen ist so etwas wie eine Aufklärungsmission oder eine Umfrage. Sie bekommen nur ein Gefühl dafür, worum es in dem Buch geht und wie das Leseerlebnis ist. Sie werden vielleicht ein paar sehr grobe, allgemeine Ideen im Buch aufgreifen, aber Sie werden nicht sehr tief in sie hineingehen. Sie werden nur herausfinden, was auf Sie zukommen könnte, und dann entscheiden, ob Sie genug Interesse haben, um weiter in die Tiefe zu gehen.

Nehmen wir zum Beispiel an, Sie sehen sich ein Buch über klassische Musik an. Beim systematischen Überfliegen würden Sie den Titel und den Untertitel sehen. Sie würden

den hinteren Umschlag lesen, der besagt, dass es sich um „eine tiefgründige, aber leicht respektlose Studie klassischer Komponisten" handelt. Sie würden das Inhaltsverzeichnis lesen - es gibt Kapitel mit den Titeln „Wagner in Frauenkleidung", „Mozarts Katzenimitationen" und „Beethovens Liebe zu Ratten". An diesem Punkt haben Sie wahrscheinlich festgestellt, dass es sich *nicht* um ein furchtbar ernsthaftes Werk handelt und auch nicht um eines, das Ihr Fachwissen erweitert, obwohl es unterhaltsam sein kann.

Warum sollte ein angehender Experte diese Stufe durchlaufen und nicht einfach zur nächsten Stufe übergehen? Auch wenn es kein tiefes Eintauchen ist, gibt es Ihnen eine Menge Antworten. Sie bekommen ein Gefühl für die Herangehensweise des Autors: ist es ernst, komisch oder satirisch? Beruht er auf realen Berichten oder imaginären Situationen? Ist er sehr statistiklastig? Zitiert er viele externe Quellen? Gibt es Bilder?

Ein gutes Gespür für die Antworten auf diese Fragen hilft Ihnen, den Inhalt einzugrenzen und Ihre Erwartungen zu definieren, was - wenn Sie sich entschieden haben, mit dem Buch fortzufahren - die nächste Stufe des Lesens produktiver macht.

Analytisches Lesen. Die dritte Ebene des Lesens ist die tiefste Ebene für das Konsumieren eines einzelnen Buches oder Werkes - es ist die vollständige Verarbeitung und *Interaktion* mit dem vorliegenden Material. Die Herausforderung des analytischen Lesens ist einfach diese: „Wenn Zeit keine Rolle spielt, wie gründlich würden Sie dieses Buch lesen?"

Analytisches Lesen kann man so beschreiben, dass man das Buch aus den Händen des Autors nimmt und es zu seinem eigenen macht. Man liest den Text nicht nur, sondern hebt Schlüsselpunkte hervor oder unterstreicht sie und gibt Kommentare ab oder stellt Fragen. In gewisser Weise können Sie mit den Marginalien ein laufendes Gespräch mit dem Autor simulieren.

Das Ziel des analytischen Lesens ist es, das Material so gut zu verstehen, dass Sie es jemand anderem ohne großen Aufwand erklären können. Sie sind in der Lage, das Thema sehr prägnant zu beschreiben. Sie sind in der Lage, seine Teile in der richtigen Reihenfolge aufzulisten und zu sagen, wie sie miteinander verbunden sind. Sie sind in der Lage, die Themen zu verstehen und zu spezifizieren, mit denen sich der Autor beschäftigt und welche Probleme er zu lösen versucht.

Wenn Sie zum Beispiel Stephen Hawkings *„Eine kurze Geschichte der Zeit"* lesen, würden Sie im ersten Teil Schlüsselbegriffe aus der Geschichte der Physik hervorheben: die Urknalltheorie, schwarze Löcher und Zeitreisen zum Beispiel. Sie könnten die Namen von Kopernikus und Galilei mit einem Sternchen versehen, mit dem Hinweis, sie genauer zu recherchieren. Sie könnten Hawkings Erklärung des sich ausdehnenden Universums in Frage stellen, indem Sie dies an den Rand schreiben.

Analytisches Lesen ist harte Arbeit. Aber es ist die Ebene, auf der der Nervenkitzel, ein neues Verständnis zu erlangen, am tiefsten und lohnendsten ist. Diese Art der Interaktion mit dem Lesen macht das Lernen proaktiv - anstatt nur zuzuhören, was Ihnen jemand erzählt, ist es eher so, als ob Sie die Informationen selbst extrahieren würden. Wenn Sie das tun, aktivieren Sie mehr von Ihrem Verstand, und das bedeutet, dass es viel wahrscheinlicher ist, dass Sie *sich* an das Gelernte *erinnern* werden. Das ist ein viel leichterer Weg zum Fachwissen.

Syntopisches Lesen. In der letzten Stufe des Lesens arbeiten Sie mit mehreren Büchern oder Materialien, die das gleiche Thema behandeln. Man könnte das syntopische Lesen als „Vergleichen/Kontrastieren" beschreiben, aber es ist eigentlich viel tiefer als das. (Und das syntopische Lesen ist nicht zu verwechseln mit dem ähnlich geschriebenen *synoptischen* Lesen, das so ziemlich das genaue Gegenteil ist).

In diesem Stadium versuchen Sie, die gesamte Breite des Themas zu verstehen, das Sie studieren, nicht nur einen einzigen Band darüber. Kommt Ihnen das bekannt vor? Sie analysieren die Unterschiede in den Ideen, der Syntax und den Argumenten, die in den Büchern präsentiert werden, und vergleichen sie. Sie sind in der Lage, eventuelle Wissenslücken zu erkennen und zu schließen. Sie unterhalten sich mit mehreren Gesprächspartnern und formulieren und ordnen die dringendsten Fragen, die Sie beantworten müssen. Sie identifizieren alle Probleme und Aspekte der Themen, die in den Büchern behandelt werden, und schlagen Phraseologie und Vokabeln nach, die Sie nicht verstehen.

Syntopisches Lesen ist eine relativ große Verpflichtung, fast wie ein semesterlanger College-Kurs, den Sie sich selbst beibringen. Stellen Sie sich vor, dass es ein aktiver Arbeitsaufwand ist, etwas, das man normalerweise nicht mit dem entspannenden Akt des Lesens eines Romans verbindet.

Es ist wie in einer Fernsehsendung oder einem Film, in dem jemand versucht, ein vielschichtiges kriminelles Unternehmen zu entwirren. Irgendwo im Film zeigen sie eine riesige Pinnwand im Revier mit Zeichnungen, Post-its und Bildern von Leuten, mit Fadenstücken, die zeigen, wie sie alle miteinander verbunden sind. Wenn neue Informationen aus verschiedenen Quellen entdeckt werden, wird das alles zu dieser Tafel hinzugefügt. So ist das mit dem

133

syntopischen Lesen: Es ist eine konzertierte Aktion, um die Antworten zu finden und Ihr Fachwissen zu erweitern, und Sie müssen sich nicht einmal mit den Kriminellen auseinandersetzen. Sie können sich auf gesetzmäßigere Themen wie Occam's Razor, absurdes Theater oder die Börse konzentrieren.

Diese vier Stufen dienen als zusammenhängende Schritte, die Ihnen ein Thema schrittweise näher bringen, es relevanter machen und schließlich vollständig vertraut werden lassen.

In der Grundstufe, na ja, da lernt man lesen. Das braucht man irgendwie für alles.

In der Inspektionsphase verschaffen Sie sich einen Überblick über den Rahmen und die Struktur und loten Ihr Interesse aus. Sie wappnen sich für den Fall, dass Sie sich für die Analysephase entscheiden, indem Sie abschätzen, was Sie auf einer tieferen Ebene erwartet.

In der analytischen Phase bemühen Sie sich intensiv darum, das Thema aus möglichst vielen Blickwinkeln zu verstehen. Sie nehmen das Buch in sich auf, hinterfragen es, werden noch neugieriger auf das Thema, das es anspricht, und wollen schließlich noch mehr erfahren.

In der syntopischen Phase sind Sie gewissermaßen von einer einzelnen oder begrenzten Perspektive des Themas zu einer ganzheitlichen Betrachtung all seiner Elemente „aufgestiegen". An diesem Punkt überlagern Sie die Ebenen Ihres Fachwissens an mehreren Punkten – dies ist etwas, das bei einer typischen Gelegenheits- oder Freizeitlektüre gar nicht entstehen kann.

Einige der Prozesse in diesem Kapitel mögen auf den ersten Blick entmutigend oder unmöglich erscheinen. Aber denken Sie daran: Zu einem bestimmten Zeitpunkt im Leben eines jeden Experten wussten sie *nichts* über das, wofür sie Experten geworden sind. Ob sie nun in Bildungseinrichtungen oder auf eigene Faust gelernt haben, sie haben eine Phase durchlaufen, in der sie in einem Vakuum Informationen sammeln und tief in unbekannte Gewässer eintauchen mussten. Sie sind durchaus in der Lage, genau das zu tun, was diese Experten tun mussten.

Vielleicht haben Sie es sogar ein wenig leichter als sie und finden Ihren Weg zum Fachwissen einfacher, als Sie dachten.

Fazit:

- Dieses Kapitel ist darauf ausgerichtet, Ihnen zu vermitteln, wie Sie schneller lesen und dabei auch noch mehr Informationen behalten können. Das klingt nach einer großen Aufgabe, aber es ist unwahrscheinlich, dass Sie seit dem Lernen des Alphabets viel über das Lesen gelernt haben. Es gibt ein paar wichtige Aspekte, um schneller zu lesen.
- Zunächst müssen Sie Subvokalisationen stoppen. Dies ist, wenn Sie Wörter geistig laut lesen. Sie können schneller denken und verarbeiten, als Sie laut lesen können. Das bedeutet, dass Sie Wörter nicht laut aussprechen, sondern sich ihre Bedeutung an ihrer Stelle vorstellen müssen. Dies ist eine schwer zu durchbrechende Gewohnheit.
- Zweitens: Sie müssen Ihre Augen trainieren. Immerhin hat jedes Auge sechs Muskeln, die seine Bewegungen steuern. Sie müssen Ihre Augen auf zwei

Arten trainieren: sich weniger zu bewegen und mit peripherem Sehen weiter zu schauen.

- Drittens müssen Sie lernen, wie Sie strategisch überfliegen, indem Sie nutzlose Wörter vermeiden, sich auf wichtige Wörter konzentrieren und Wörter am Rand der Seiten ignorieren.
- Schließlich müssen Sie lernen, wie Ihr Fokus und Ihre Aufmerksamkeit in Bezug auf das Lesen funktionieren. Respektieren Sie dies, indem Sie geplante Pausen einlegen, Spiele machen, um schneller zu lesen, und beseitigen Sie Ablenkungen.
- Wie liest man ein Buch? Ein letzter Abschnitt beschreibt die vier Ebenen des Lesens, wie sie der Autor Mortimer Adler formuliert hat. Die Ebenen sind elementares oder einfaches Lesen, prüfendes Lesen, analytisches Lesen und syntopisches Lesen. Die meisten von uns kommen nur durch die ersten beiden Ebenen. Sie lassen sich nicht auf das Material ein und führen kein Gespräch mit ihm. Das ist der Punkt, an dem tiefes, wahres Verständnis entsteht.

Kapitel 4. Fertigkeiten und Gewohnheiten, um sich alles selbst beizubringen

Manchmal wissen Sie, dass es eine Lücke in Ihrem Wissen gibt und dass es eine Frage gibt, die Sie stellen müssen, um die Informationen für Sie zu klären, aber aus irgendeinem Grund stellen Sie die Frage nicht. Natürlich ist es der beste Fall, dass Sie überhaupt merken, dass etwas schief läuft.

Bei mir passierte das meist im Matheunterricht in der Grundschule. Damals in der ersten Klasse - so wurde mir gesagt - machte ich einen ziemlich häufigen Fehler, wenn es darum ging, Lineale zu benutzen. Der Lehrer bat uns, mit unseren Linealen Linien von zwei, vier und sechs Zoll Länge zu zeichnen. Also nahm ich mein Lineal heraus, setzte den Bleistift auf den Punkt „1" und zeichnete eine Linie zu den Zahlen „2", „4" und „6". Als ich sah, was ich gezeichnet hatte, schien etwas nicht zu stimmen im Vergleich zu dem, was meine Klassenkameraden gezeichnet hatten. Aber ich dachte, ich hätte getan, was von mir verlangt wurde, und gab das Blatt ab, ohne den Lehrer zu fragen. Die Wahrheit war, dass ich schnell in die Pause kommen und meinen Platz in der Handballreihe sichern wollte.

Als Erwachsener haben Sie wahrscheinlich meinen Fehler bemerkt. Ich habe bei „1" angefangen, weil das die Zahl war, bei der ich immer angefangen habe zu zählen. Aber ich hätte bei „0" anfangen müssen. Ich *wusste,* dass etwas nicht stimmte, aber ich habe nicht versucht, die Anweisungen zu verstehen. Ich hatte alle drei Antworten falsch. Als ich aus der Pause zurückkam, war mein Tag ruiniert, andere Kinder lachten mich aus, und ich aß mürrisch und schweigend zu Mittag.

Natürlich gibt es einen Unterschied zwischen einem Erstklässler, der noch lernt, *wie* man lernt, und einem Erwachsenen, der schon viel Erfahrung im Lernen hat. Aber dieses beschämende Beispiel aus meiner Vergangenheit demonstriert eine der vielen Gewohnheiten und Fähigkeiten, die mit dem Selbstlernen verbunden sind: Fragen stellen. Es ist nicht so einfach, wie nach Fakten zu fragen, und es ist tatsächlich etwas, das wie jede andere Fähigkeit kultiviert werden muss.

Aber wenn wir die Aufgabe der Selbsterziehung übernehmen, ist es fast so, als müssten wir uns auf eine neue Art des Lernens einstellen. Wir müssen an unserer Lernstrategie basteln, wenn wir von jemand anderem, der uns unterrichtet, dazu übergehen, den Unterricht selbst zu steuern. Dieses Kapitel behandelt einige der Anpassungen, die ein angehender Selbstlerner vornehmen kann, um sicherzustellen, dass er das Beste aus seinem Studium herausholt. Als Erstes sprechen wir darüber, wie man Pläne für das Lernen erstellt.

Pläne, Zeitpläne und Ziele

Eine historische Figur, die ein fantastisches Beispiel dafür liefert, wie man sich Ziele setzt und sich zum Erfolg plant, ist kein Geringerer als Benjamin Franklin. Er ist bis heute das Paradebeispiel eines Autodidakten: ein Staatsmann, Erfinder, Philosoph, Schriftsteller und Universalgelehrter, dessen Neugierde keine Grenzen kannte.

Franklin war penibel darauf bedacht, den Überblick über seine Ziele, Aktivitäten und Zeitpläne zu behalten, und dies nutzte er, um sein privates und berufliches Leben zu steuern. Zwei seiner täglichen Techniken, um sein Leben zu ordnen, sind perfekt für diejenigen, die ihre organisatorischen Fähigkeiten für besseres Lernen verbessern wollen. Beide wurden in Franklins Autobiographie detailliert beschrieben, vielleicht in der Hoffnung, zukünftige Generationen zu ähnlichen Leistungen und Produktivität zu inspirieren.

Die erste und wahrscheinlich berühmteste von Franklins Aufstellungen ist seine Checkliste der „13 Tugenden", die er benutzte, um seine Bemühungen aufzuzeichnen, sich als Mensch zu verbessern. Obwohl er die 13 Tugenden zur Selbstverbesserung - oder, wie Franklin es ausdrückte, zur „Erlangung moralischer Vollkommenheit" - nutzte, dienen sie als starkes Beispiel dafür, wie man achtsam Fortschritte verfolgt und Aufzeichnungen über alles führt, was man entwickeln möchte, einschließlich des Selbstlernens.

Zuerst erstellte Franklin eine Liste von 13 Eigenschaften, die er seiner Meinung nach entwickeln musste, um ein gesundes und gewissenhaftes Leben zu führen. Das tat er, als er 20 Jahre alt war (ein irrsinnig junges Alter, um eine solche Reife zu zeigen, wenn Sie mich fragen). Sie beinhalteten Verdienste (nicht relevant für die Diskussion in diesem Kapitel, aber hilfreich zur Veranschaulichung):

1. **Mäßigung**. Essen Sie nicht bis zur Trägheit; trinken Sie nicht bis zur Überheblichkeit.
2. **Schweigen**. Sagen Sie nur das, was anderen oder Ihnen selbst nützt; vermeiden Sie belangloses Gerede.

3. **Ordnung**. Lassen Sie alle Ihre Dinge ihren Platz haben; lassen Sie jeden Teil Ihres Geschäfts seine Zeit haben.

4. **Entschluss**. Nehmen Sie sich vor, das Notwendige zu tun; tun Sie immer unbedingt, was Sie sich vornehmen.

5. **Genügsamkeit**. Machen Sie keine Ausgaben, außer um anderen oder sich selbst Gutes zu tun; d.h. verschwenden Sie nichts.

6. **Fleiß**. Verlieren Sie keine Zeit; seien Sie immer mit etwas Nützlichem beschäftigt; tuen Sie nichts Unnötiges.

7. **Aufrichtigkeit**. Verwenden Sie keine verletzende Täuschung; denken Sie unschuldig und gerecht, und wenn Sie sprechen, sprechen Sie entsprechend.

8. **Gerechtigkeit**. Tun Sie niemandem Unrecht, indem Sie ihm Schaden zufügen oder die Leistungen unterlassen, die Ihre Pflicht sind.

9. **Mäßigung**. Vermeiden Sie Extreme; unterlassen Sie es, Verletzungen so sehr zu verübeln, wie Sie meinen, dass sie es verdienen.

10. **Sauberkeit**. Dulden Sie keine Unreinheit am Körper, in der Kleidung oder in den Wohnräumen.

11. **Gelassenheit**. Lassen Sie sich nicht durch Kleinigkeiten oder durch gewöhnliche oder unvermeidliche Unfälle aus der Ruhe bringen.

12. **Sittsamkeit**. Selten sollen Sie käuflich sein, außer für die Gesundheit oder für die Nachkommenschaft, niemals für Trägheit, Schwäche oder die Verletzung Ihres eigenen oder fremden Friedens oder Rufes.

13. **Demut**. Ahmen Sie Jesus und Sokrates nach.

Dann entwickelte er ein System, mit dem er sich in jedem Bereich auf eine sehr bewusste, methodische Weise verbessern wollte. Die Idee für die Liste selbst ist in gewisser Weise revolutionär, da sie seine Aufmerksamkeit auf das lenkte, was er zu erreichen versuchte. Es war auch eine große Aufgabe - an wie vielen Zielen arbeiten Sie gerade? Sind es auch nur annähernd 13? Es ist an der Zeit, neu zu überdenken, was möglich ist.

Franklin erstellte eine Reihe von Karten, von denen jede eine sehr einfache Tabelle mit sieben Spalten und 13 Zeilen enthielt. Die Überschrift jeder Spalte waren die sieben Tage der Woche: Sonntag bis Samstag. Am Kopf jeder Zeile befanden sich Symbole für jede seiner 13 Tugenden. Oben auf der gesamten Seite schrieb Franklin die Tugend auf, der er für die Dauer der Woche besondere Aufmerksamkeit schenken wollte. In der ersten Woche wollte er sich vor allem auf die Mäßigung konzentrieren.

Am Ende eines jeden Tages der Woche nahm Franklin diese Karte heraus, betrachtete die Matrix und setzte einen schwarzen Punkt in jedes Feld für jeden Fall während des Tages, bei dem er das Gefühl hatte, dass er diese Tugend „verfehlte". Wenn er zum Beispiel das Gefühl hatte, beim Abendessen am Donnerstag ein paar Gläser Wein zu viel getrunken zu haben, setzte er einen schwarzen Punkt in das Feld „Mäßigung" für Donnerstag. Wenn er beschloss, dass er bei einem Treffen am Samstag ein wenig zu wütend auf George Washington geworden war, würde er vielleicht einen schwarzen Punkt in das Feld „Gelassenheit" für Samstag setzen.

In jeder Woche konzentrierte sich Franklin hauptsächlich auf die Tugend, die er oben auf jeder Karte eintrug. Seine Überlegung

147

war, dass die Kultivierung einer Tugend nach der anderen die Tugend der nächsten Woche etwas leichter handhabbar machen würde und dass jede Tugend mit der Zeit zu einer Gewohnheit werden würde. Jede Tugend wurde sorgfältig geplant, so dass die Tugend der einen Woche die Tugend der nächsten Woche beeinflussen würde - zum Beispiel setzte er „Genügsamkeit" die Woche vor „Fleiß", weil er dachte, dass die Gewohnheit, Geld zu sparen, seine Gewohnheit, härter zu arbeiten, um Geld zu bekommen, beeinflussen würde. Die Wahl immer nur einer Tugend stellte sicher, dass er nicht überfordert war und entdecken konnte, was er brauchte, um einen einzelnen Aspekt seines Lebens zu ändern.

Nachdem Franklin sich durch 13 Wochen Checklisten durchgearbeitet hatte, fing er von vorne an und begann eine neue Serie mit seiner Top-Tugend. Er wiederholte alle seine Tugendübungen nach Bedarf. Wenn er sie jede Woche gewissenhaft durchführte, bedeutete das, dass er die Aufgabe viermal im Jahr erledigte (13 Wochen × 4 = 52 Wochen = 1 Jahr). Wirklich, man muss einfach bewundernd anerkennen, wie ordentlich Franklin einen Kalender geführt hat.

Das Geniale an Franklins Checkliste ist, dass dieser Ansatz auch für andere Dinge funktioniert, als ein besserer Mensch zu werden (obwohl das sicherlich ein schönes Ziel ist, das man anstreben sollte). Vorsätzliche Planung, ehrliche Selbstkontrolle und Einsatz von Zeit ohne Ablenkung ist der Name des Spiels.

Für viele von uns ist das immer noch ein Grad an Aufmerksamkeit und Selbsterkenntnis, der unerhört ist. Wir neigen dazu, unser Verhalten als angeboren und relativ unveränderlich zu betrachten - aber das ist nicht der Fall, wenn man es nicht will, wie Franklin. Diese Art der absichtlichen Entwicklung und Verbesserung lag seinem Erfolg und seinen Leistungen zugrunde. Sie können es auch verwenden, um den Fortschritt zu verfolgen und Ihre Aufgaben in allen Bereichen zu erfassen, einschließlich einzelner Themen des Selbstlernens.

Wenn Sie sich zum Beispiel die spanische Sprache und Kultur aneignen, könnten Sie sich ein paar „Bretter" für Ihr Studium ausdenken, die Sie so viel wie möglich abdecken wollen: „Lesen", „Schreiben", „Hörübungen", „Sozialkunde", „Musik/Kunst", und so weiter. Es ist vielleicht nicht sinnvoll, jeden dieser Bereiche jeden Tag abzudecken (oder vielleicht doch), aber zumindest eine bestimmte Anzahl von Malen pro Woche wäre hilfreich. Anstatt sich auf eine „Tugend der Woche" zu konzentrieren, wie Franklin es tat, könnten Sie vielleicht einen bestimmten Aspekt der Landeskunde auswählen, auf den Sie sich konzentrieren – „Essen", „Geschichte", „Politik", „Sport", „Kunst", „Manieren" - was auch immer Sie wissen, dass Sie es behandeln werden und in einem wöchentlichen Rhythmus organisieren könnten.

Der Schlüssel zum Erfolg dieses Systems liegt darin, zu wissen, welche Aspekte Ihres Studiums am wichtigsten sind - so wie Franklin entschied, welche Tugenden für ihn am wichtigsten waren, auf denen er aufbauen wollte. Jedes Fach wird verschiedene Bereiche von Bedeutung haben. Isolieren Sie diese und erstellen Sie einen Plan, der sicherstellt, dass alle Bereiche abgedeckt sind. Ihr Gehirn kann nur ein gewisses Maß an Dingen auf einmal verarbeiten, also planen Sie sich aus der Überforderung und dem Multitasking heraus. Fortschritt und Lernen in jeder Hinsicht erfordern einen stetigen Marsch, sogar einen, der über Wochen und Jahre hinweg verfolgt wird, wie es bei Franklins 13 Tugenden der Fall war.

Machen Sie nicht einfach das, worauf Sie Lust haben oder was Ihnen in den Sinn kommt - gehen Sie methodisch vor und stellen Sie sicher, dass Ihnen nichts entgeht. Dies ist der Zweck des Lehrplans und des Zeitplans für eine Klasse in der traditionellen Ausbildung - erstellen Sie also Ihren eigenen Lehrplan, um auf dem richtigen Weg zu bleiben und ein effektiver Selbstlerner zu sein.

Wie Franklin selbst bemerkte, besteht der wahre Wert dieses Systems darin, sich bessere Gewohnheiten auf einer rollierenden, schrittweisen Basis beizubringen. Jede Art von Lernsystem ist extrem davon abhängig, wie gut Sie positive Gewohnheiten pflegen, und das gilt besonders für das Selbstlernen, da Sie für die Überwachung von *allem* verantwortlich sind.

Aber wir sind noch nicht fertig mit Benjamin Franklin, dem berühmten Befürworter des Truthahns als Nationalvogel der Vereinigten Staaten. Wie hat er es geschafft, so viele großartige Dinge in einer fast unzähligen Anzahl von Bereichen zu erreichen?

Der zweite Teil seines Planungsgenies rührt von dem Tagesplan her, den er für sich selbst führte. In seiner Biografie nahm sich Franklin auch die Zeit, seinen Tagesablauf vom Aufwachen bis zur Schlafenszeit zu planen. Einer seiner typischen Zeitpläne (teilweise paraphrasiert) sah zum Beispiel so aus:

- *5:00 bis 8:00 Uhr*: Aufstehen, waschen, „sich an die mächtige Güte wenden" (beten oder meditieren), den Tag planen, „das gegenwärtige Studium verfolgen" (studieren und recherchieren, welche Projekte er neben der Arbeit verfolgte), frühstücken.

- *8:00 Uhr bis 12:00 Uhr*: Arbeit.

- *12:00 bis 14:00 Uhr*: Lesen, „meine Konten überblicken" (sich um seine persönlichen oder finanziellen Angelegenheiten kümmern), zu Mittag essen.

- *14:00 bis 17:00 Uhr*: Arbeit.

- *17:00 bis 22:00 Uhr*: Nachdenken, Abendbrot essen, überlegen, „was er Gutes" während des Tages getan hat, „Ablenkung" wie Hobbys, Musik oder Gespräche genießen.

- *22:00 Uhr bis 5:00 Uhr morgens*: Schlafen.

Dies mag im Vergleich zu den Terminkalenders wie wir sie heute führen, nicht wie ein besonders präziser Zeitplan aussehen, wenn man die unendliche Anzahl von Terminen und Besprechungen bedenkt, mit denen wir gerne unsere Kalender füllen. Aber es ist ein großartiges Beispiel, dem man folgen kann, weil es Raum für alles lässt, was für das eigene geistige Wohlbefinden notwendig ist: Es behandelt persönliche und Freizeitaktivitäten mit genau der gleichen Wichtigkeit wie Geschäft und Arbeit. Alles, was er tat, war

153

zielgerichtet: Es hatte seine richtige Zeit und seinen richtigen Kontext, und alle seine Aktivitäten waren für seine Entwicklung genauso wichtig wie seine Tugenden. In einer idealen Welt würde ein Zeitplan, der sich auf das Selbstlernen konzentriert, nicht viel anders aussehen.

Franklin unterschied auch zwischen Arbeit, auf die er sich ausschließlich konzentrieren musste (in diesen größeren Morgen- und Nachmittagsblöcken) und Arbeit, die er erledigen konnte, während er etwas anderes tat, wie z. B. seine Konten zu überblicken und seine persönlichen Studien durchzuführen. Das gab ihm zweifellos eine gewisse Flexibilität und Erleichterung, wenn er sich um Angelegenheiten kümmern konnte, die wichtig waren, aber in einem weniger aktiven Tempo zwischen den anderen entspannenden Dingen, die er tat, wie dem Mittagessen, erledigt werden konnten. Dass er tatsächlich Zeit für persönliche Reflexion einplante - etwas, woran die meisten von uns wahrscheinlich nicht denken - zeigt, dass er erkannte, dass es sich um eine lebenswichtige Tätigkeit handelte *und* dass sie ihren Platz im Tagesablauf hatte, nicht mehr oder weniger wichtig als alles andere auf seinem Terminkalender.

Selbst bei seinem etwas langsameren Lebenstempo (im Vergleich zu unserem eigenen) hat sich Franklin nicht immer strikt an seinen Zeitplan gehalten. Das ist in Ordnung. Ich bin sicher, dass zu seiner Zeit, wie auch zu unserer, Dinge einfach *dazwischen kamen*. Der Vorteil dieses täglichen Plans war, dass es ihn glücklicher machte, zumindest zu *versuchen*, nach einem Zeitplan zu leben. Wenn er nicht einmal eine *Vorstellung* davon hatte, was er an einem bestimmten Tag erreichen wollte, wäre er verloren gewesen.

Ein Zeitplan half ihm, sich organisierter und produktiver zu fühlen, auch wenn er ihn nicht jeden Tag zu 100% befolgte. Einfach etwas zu haben, auf das man sich mit vorgefertigten Entscheidungen beziehen kann, kann einem Tag eine Führung und Struktur verleihen, die es sonst nicht geben würde. Sie sehen, dass wir Probleme bekommen, wenn wir mit Entscheidungen konfrontiert werden. Sobald Sie die Anwesenheit von Entscheidungen durch einen detaillierten Zeitplan ersetzen, ist es

155

viel wahrscheinlicher, dass Sie sich an das halten, was zu tun ist.

Wenn Sie also Franklins Gesamtkonzept für Ihren eigenen Zeitplan verwenden, finden Sie hier einige Richtlinien, die Sie befolgen sollten:

- Geben Sie sich ein paar tägliche Blöcke, um sich auf Ihre Hauptarbeit zu konzentrieren. Aber geben Sie sich innerhalb dieser Blöcke so viel Flexibilität, dass Sie geistig abschweifen können. Große Zeitblöcke sind nachsichtiger und geben Ihnen den Raum, dorthin zu gehen, wohin der Wind Sie trägt.

- Planen Sie etwas Zeit für Erholung, Freizeit, persönliche Reflexion oder geselliges Beisammensein mit Familie und Freunden ein. Franklin wusste, dass diese Aspekte wichtig genug waren, um ihnen Raum zu geben, insbesondere der persönlichen Reflexion und dem Verstehen, was gut gelaufen ist und was während des Tages geändert werden muss. Das Gehirn kann nicht die ganze Zeit auf Hochtouren laufen.

- Behandeln Sie Ihre persönlichen Ziele mit dem gleichen Respekt wie Ihre beruflichen Ziele - mit anderen Worten: Planen Sie Ihr Selbstlernen mit der gleichen Priorität wie Ihre anderen Verpflichtungen.

- Verbringen Sie relativ gleich viel Zeit mit dem Planen, Grübeln, Analysieren und Vorbereiten wie mit dem tatsächlichen Handeln. Was ist gut gelaufen und was nicht? Stellen Sie sicher, dass Sie das *Richtige* und nicht das *Einfache* tun und dass Sie aus Ihren Fehlern und Ineffizienzen lernen.

- Waschen. Finden Sie auf jeden Fall Zeit zum Waschen.

Diese beiden Gewohnheiten von Benjamin Franklin - das Erstellen von übergreifenden Zielen und Plänen und das Festhalten an einem Tagesplan - sind Gewohnheiten, die wir nachahmen können. Selbstlernen ist nicht etwas, das man beflügeln kann; Planung ist das A und O des Selbstlernens, weil es von Natur aus mühsam und langweilig ist und man sich manchmal einfach nicht die Wahl lassen kann, es nicht zu tun. Nehmen Sie sich ein Beispiel an diesem berühmten Gründervater und schützen Sie sich vor Ihren schlimmsten Impulsen.

Die Strukturen der langfristigen Planung und Zeitpläne machen es uns leichter, unsere Ziele zu erreichen. Das bringt uns zur nächsten Frage - was waren das noch mal für Ziele? Der Versuch, sich Ziele wie Benjamin Franklins 13 Tugenden zu setzen, wird für uns wahrscheinlich nicht funktionieren, aus zahlreichen und vielfältigen Gründen. Wie können wir also Ziele nutzen, um für uns selbst zu planen und besser zu lernen?

Die erste Vorgabe ist, zu akzeptieren, dass *Sie nicht wirklich wissen, was Sie noch nicht wissen, und Sie werden es auch nicht herausfinden, bis Sie es endlich wissen.* Beim Selbstlernen - ehrlich gesagt, bei jedem ehrgeizigen Ziel - werden Sie oft mit dem Unbekannten konfrontiert. Das ist im besten Fall unangenehm. Sie müssen das verstehen und sich nicht davon abschrecken lassen, das Ziel zu erreichen, denn das ist genau das, was es bei vielen von uns tut. Ihr Ziel ist es, Dinge zu lernen, die Sie nicht schon wissen. Es wird sich unweigerlich wie eine Herausforderung anfühlen.

Aber Sie sollten darauf achten, dass es genau das richtige Maß an Herausforderung für den richtigen Moment ist. Sie sollten versuchen, sich Ziele zu setzen, die realistisch erreichbar sind und gleichzeitig nicht so leicht, dass Sie beim Erreichen kein Gefühl der Erfüllung verspüren. Es sollten keine unverschämt hochgesteckten Ziele sein, die kurzfristig unmöglich wären, aber sie sollten etwas sein, was Sie noch nie zuvor getan haben. Vielleicht ein *kleines bisschen* höher, als Sie glauben, dass Sie es schaffen können, aber nicht so hoch, dass Sie sich entmutigen lassen. Es gibt einen Sweet Spot, wie die Ziele, die Sie setzen, Sie motivieren können.

Wenn wir das zum Beispiel auf Benjamin Franklin anwenden, können wir sagen, dass er wahrscheinlich das Gefühl hatte, dass der Versuch, 20 Tugenden auf einmal zu meistern, zu schwierig war und er entschied, dass eine erreichbare Herausforderung 13 Tugenden wären - und dennoch war er der Meinung, dass der

Versuch, neun Tugenden zu meistern, *zu leicht sein würde.* Jeder hat ein unterschiedliches Maß an Herausforderungen, und es liegt an uns, uns Ziele zu setzen, die uns dazu bringen, uns auf sie zuzubewegen.

Für unsere Zwecke sollten diese Ziele natürlich mit dem Selbstlernen verbunden sein. Wenn Sie Französisch lernen wollen, verwenden Sie ein Ziel, das das Selbstlernen erzwingt, z. B. eine lockere Unterhaltung in einem Café. Lernen Sie 120 Wörter, wenn Sie sich vorstellen, dass Sie nur 100 lernen können - in Wirklichkeit unterschätzen Sie Ihre eigenen Fähigkeiten. Wenn Sie Geige lernen wollen, setzen Sie sich das Ziel, ein Stück von Ihrem Lieblingskomponisten zu lernen, auch wenn es über Ihrem Niveau liegt. Lernen Sie das Stück in zwei Wochen und schaffen Sie eine selbsterfüllende Prophezeiung durch das von Ihnen gesetzte Ziel.

Eine praktische Gedächtnisstütze, die Ihnen bei der Zielsetzung helfen kann, ist das Akronym SMART. Wenn Sie sich ein Lernziel ausgedacht haben, bewerten Sie es, um sicherzustellen, dass es fünf Standards erfüllt - dass Ihr Ziel Folgendes ist:

- **S**pezifisch: klar und eindeutig

- **M**essbar: einfach für Sie, den Fortschritt zu verfolgen

- **A**llein erreichbar: in Ihrer Reichweite, aber nicht zu einfach

- **R**elevant: persönlich bedeutsam für Sie und Ihr Leben

- **T**iming- oder Zeitbasiert: organisiert nach einer Art Zeitplan

Nehmen wir zum Beispiel an, Sie haben vor, sich selbst Klavierunterricht zu geben. Wenn Sie jemand danach fragt, könnten Sie etwas sagen wie: „Ich werde mir alles über Klavier beibringen. Am Ende dieses Jahres werde ich ein Virtuose mit erstaunlichen Klavierfähigkeiten sein, der alles nach Gehör spielen kann."

Das wäre ein bisschen zu unrealistisch. Verwenden Sie stattdessen die SMART-Filter. Machen Sie Ihr Ziel klarer und erreichbarer:

Spezifisch: „Ich werde Musiktheorie für Klavier lernen und so weit kommen, dass ich einfache Noten verstehen und spielen kann."

Messbar: „Ich werde lernen, wie man 10 Stücke auf dem Klavier spielt."

Allein erreichbar: „Es werden eher unkomplizierte Stücke sein, keine übermäßig komplexen klassischen Stücke, aber etwas, von dem ich denke, dass ich es schaffen kann, bevor ich mich entscheide, den nächsten Schritt zu machen."

Relevant: „Ich mache das, weil ich ein Fan von Musik bin und meine Leidenschaft auf das Kunstmachen übertragen möchte."

Timing-basiert: „Ich gebe mir ein Jahr Zeit, um mindestens 10 Stunden pro Woche zu üben und zu lernen."

Die Verwendung der SMART-Richtlinien bei der Formulierung Ihrer Ziele wird Ihnen helfen, diese sinnvoller und praktischer zu gestalten. Wenn Sie Ihre Planung auf Selbstlernziele konzentrieren können, die Sie mit den Ressourcen, die Sie derzeit haben, erreichen können, gibt Ihnen das einen besseren Blickwinkel und eine bessere Struktur für die Disziplin, die Sie lernen - und die Kurse, die Sie in Zukunft belegen werden.

Fragen stellen und Informationen abrufen

Mit Ihrer Zeitplanung, Ihrer Planung und Ihren Zielsetzungsmethoden sind Sie bereit, den Rahmen für das, was Sie lernen werden, zu schaffen. Jetzt geht es ans Eingemachte, denn Sie fangen an, Ihre Ressourcen für Ihr ausgewähltes Thema zu katalogisieren. Und das ist genau der Punkt, an dem Sie anfangen können, in Ihrer Selbstlernstrategie überfordert zu werden.

Heutzutage ist es extrem einfach, Informationen zu finden und zu sammeln. Jedes Thema unter der Sonne ist durch Online-Ressourcen und öffentliche Bibliotheken gut vertreten, und Informationen werden sowohl durch Ihre eigenen Bemühungen als auch aus heiterem Himmel zu Ihnen kommen.

Aber all diese Informationen werden sich Ihnen nicht von selbst *beibringen*. Alles, was sie tun werden, ist, sich Ihnen zu *präsentieren.* Die Daten, die Sie erhalten, erklären nicht notwendigerweise ihre Bedeutung, ihren Kontext oder ihren Sinn. Wenn Sie sich selbst unterrichten, werden Sie nicht immer einen Mentor haben, der Ihnen die Implikationen oder den Wert dessen, was Sie lernen, erklärt, denn die Struktur ist ganz Ihnen überlassen.

Sie müssen also proaktiv herausfinden, was all diese neuen Daten für Ihren Studiengang bedeuten. Sie müssen die Ermittlungsarbeit leisten, um den Rahmen und die Substanz all dieser Wissensbits zu verstehen. Wir nennen das „Informationen *ziehen*", weil es bedeutet, das Wichtige herauszuziehen und Bedeutung aus der riesigen Masse an Informationen zu schaffen, die gerade vor Ihnen aufgetürmt wurde.

Fragen sind die Werkzeuge, mit denen Sie all diese Informationen entschlüsseln und analysieren werden. Aber nicht alle Fragen sind gleich. Sie brauchen Fragen, um offene Wege der Wahrnehmung und ein vollständiges Verständnis Ihres Themas zu entwickeln - nicht nur die oberflächlichen Details oder trockenen Fakten. Die Fragen, die Sie stellen werden, werden weit über einfaches Allgemeinwissen hinausgehen und das vollständige Bild dessen, was Sie studieren, ausfüllen.

Dies ist allgemein als kritisches Denken bekannt, und es ist der Akt der Verzögerung der Befriedigung anstelle von Genauigkeit und ein dreidimensionales Verständnis der Feinheiten, die sich Ihnen präsentieren. Es ist nicht sonderlich populär als eine Art, durch das Leben zu navigieren, aber es ist die Art und Weise, wie Sie lernen werden, Informationen aus Ihren Quellen zu ziehen.

Das Ziel des kritischen Denkens ist es nicht, eine schnelle, leicht verdauliche Antwort zu geben. In der Tat ist es nicht einmal, irgendeine zertifizierbare Schlussfolgerung zu liefern. Stattdessen geht es beim kritischen Denken darum, Ihre geistige Auseinandersetzung mit einem bestimmten Thema zu steigern. Anstatt eine felsenfeste, unumstößliche Überzeugung zu liefern, erweitert kritisches Denken lediglich Ihren Blickwinkel und gibt Ihnen mehrere Möglichkeiten, eine Situation oder ein Problem zu betrachten. Es bringt Sie an den äußeren Geräuschen und einfachen Antworten vorbei, um Ihnen die ganze

Tragweite eines Umstands oder Problems zu zeigen. Kein Selbstlernkurs kann ohne kritisches Denken erfolgreich sein.

Die Fragen, die Sie beim kritischen Denken verwenden, gehen über die üblichen „Nur die Fakten, Ma'am"-Anfragen hinaus. Stattdessen fordern sie den Beantworter heraus, die Gründe für die Bedeutung eines Themas, seine Ursprünge, seine Relevanz und gegenteilige oder alternative Überzeugungen zu untersuchen. Sie können auf jedes Thema angewandt werden - mit einigen Anpassungen sogar auf wissenschaftliche oder mathematische Prinzipien. Das Ziel ist nicht, Sie dazu zu bringen, einem bestimmten Glaubenssatz zuzustimmen oder ihn abzulehnen, sondern einfach die Gesamtheit seiner Bedeutung zu verstehen.

Lassen Sie uns ein Beispiel versuchen: Die *keynesianische Wirtschaftslehre*. Alles, was Sie darüber wissen müssen, ist, dass sie die Theorie unterstützt, dass erhöhte Staatsausgaben und gesenkte Steuern der Weg sind, wie sich Volkswirtschaften aus der Depression erholen und das Wachstum stimulieren können. Es ist knifflig, darüber zu diskutieren, ohne auf politischer Ebene jemanden zu verärgern, aber das ist ein guter Grund, es als Beispiel dafür zu verwenden, wie man ein Thema objektiv hinterfragt.

Hier sind einige Fragen, die Sie verwenden könnten, um das Thema kritisch zu bewerten. Ich werde nicht versuchen, sie zu beantworten, denn als ich das letzte Mal nachgesehen habe, war ich kein Wirtschaftswissenschaftler. Aber ich habe genug darüber gelesen, um einige vernünftige Fragen zu formulieren, und der Hauptpunkt dieser Übung ist zu zeigen, dass sie formuliert werden können:

Was macht die keynesianische Wirtschaftslehre wichtig? Diese Frage zielt natürlich darauf ab, warum die keynesianische Ökonomie ein „Thema" ist und es verdient, dass man darüber spricht.

Welche Details der keynesianischen Wirtschaftslehre sind wichtig und warum? Diese Frage geht auf die spezifischen Elemente der keynesianischen Theorie ein und wie sie sich auf bestimmte spezifische Faktoren einer Wirtschaft auswirken.

Was sind die Unterschiede zwischen der keynesianischen Wirtschaftslehre und der klassischen Ökonomie? Damit wird ein Vergleich zwischen zwei verschiedenen Modellen bzw. Problemlösungsmethoden aufgestellt und erklärt Ihnen, was das eine Modell vom anderen unterscheidet.

Wie hängt die keynesianische Wirtschaftslehre mit der staatlichen Finanzpolitik zusammen? Diese Frage setzt eine Beschreibung des Verhältnisses des Themas zu anderen Kräften voraus.

Welche Beweise können Sie für oder gegen die keynesianische Wirtschaftslehre anführen? Diese Frage erzwingt sowohl positive als auch negative Aspekte des Themas. Jedes Fach oder Thema hat Schwächen und Stärken hinsichtlich seiner Anwendbarkeit und Universalität.

Welche Muster erkennen Sie in der keynesianischen Wirtschaftslehre? Dies hilft Ihnen bei der Suche nach sich wiederholenden Elementen und Ursache-Wirkungs-Beziehungen, die fast immer auf Bedeutung hinweisen.

Was sind die Vor- und Nachteile der keynesianischen Wirtschaftslehre? Diese Frage stellt einen weiteren Vergleich zwischen den möglichen Auswirkungen der keynesianischen Ökonomie auf.

Wann könnte die keynesianische Wirtschaftslehre am nützlichsten sein und warum? Diese Frage sucht nach einem Beispiel dafür, wie das Konzept in der realen Welt angewendet wird und Ihr Leben beeinflussen kann.

Welche Kriterien würden Sie verwenden, um zu beurteilen, ob die keynesianische Wirtschaftslehre erfolgreich ist? Diese Frage zielt darauf ab, wie man einen harten Beweis dafür erbringen kann, dass ein Konzept funktioniert oder nicht, und führt das Konzept der spezifischen Metriken ein.

Welche Informationen würden Sie benötigen, um eine Entscheidung über die keynesianische Wirtschaftslehre zu treffen? Diese Frage befasst sich mit den Bedingungen, unter denen keynesianische Modelle gedeihen können, und allgemein damit, welche Kontextinformationen wichtig sind.

Was könnte passieren, wenn Sie die keynesianische Wirtschaftslehre und die angebotsseitige Ökonomie kombinieren? Diese Frage wirft die Frage auf, wie das Konzept gedeihen oder scheitern würde, wenn es mit Aspekten eines alternativen Modells kombiniert wird.

Welche Ideen könnten Sie der keynesianischen Wirtschaftslehre hinzufügen und wie würden diese Ideen sie verändern? Diese Frage fordert Sie auf, Ihre eigenen fundierten Ideen einzubringen und zu projizieren, wie sie das Konzept verändern würden.

Stimmen Sie zu, dass die keynesianische Wirtschaftslehre funktioniert? Warum oder warum nicht? Diese Frage regt Sie dazu an, Ihre eigene Argumentation zu verwenden, um die Vorzüge eines bestimmten Konzepts zu beurteilen.

Welche Lösungen könnten Sie für das Problem der keynesianischen Wirtschaftslehre vorschlagen? Welche könnten am effektivsten sein und warum? In ähnlicher Weise fordert diese Frage Sie auf, zu überlegen, was die Theorie potenziell verbessern könnte.

Wie könnten Sie ein neues Modell der keynesianischen Wirtschaftslehre erstellen oder entwerfen? Erläutern Sie Ihre Überlegungen. Diese Frage regt Sie dazu an, das Konzept nach Ihren eigenen Vorstellungen neu zu konzipieren und zu projizieren, wie es in Zukunft funktionieren könnte.

Uff. Das sind eine Menge Fragen. Es ist nur ein Bruchteil der vielen Seiten und Blickwinkel, aus denen man ein bestimmtes Thema untersuchen kann. Keine von ihnen ist abschließend beantwortet, noch kann sie es sein. Aber ihre ergebnisoffene Natur ermutigt Sie dazu, die Fakten von einem objektiven Standpunkt aus zu verfolgen. Hört sich das langsam zirkulär und repetitiv an? Es kann in der Tat eine nie endende und langweilige Übung sein, aber wenn Sie den Zweck der Entdeckung und der Perspektive im Vordergrund halten, erscheint es sinnvoller.

An diesem Punkt haben Sie vielleicht alle Ihre Antworten dazu herangezogen, eine Theorie oder Schlussfolgerung zu formulieren - oder Sie sind auf Schlussfolgerungen von anderen gestoßen, die *deren* Interpretation der Fakten ansprechen. Aber wie bei den Fragen, die Sie gerade gestellt haben, sollten *zusätzlich auch* die Schlussfolgerungen, die Sie gezogen haben (nämlich Ihre eigenen), der gleichen Art von Inquisition unterzogen werden, ob die Schlussfolgerungen fundiert und haltbar sind.

Die ersten Fragen sollten sich auf die Struktur der Schlussfolgerung beziehen, also darauf, ob sie auf einer soliden Argumentationsbasis beruht. Eine zweite Gruppe von Fragen befasst sich stattdessen mit der Qualität der Schlussfolgerungen und der unterstützenden Argumente. Wir können dies am gleichen Beispiel unseres keynesianischen Wirtschaftsmodells sehen:

Was sind die Probleme und Schlussfolgerungen der keynesianischen Wirtschaftslehre? Diese Frage befasst sich mit der Grundlage der Theorie - dem Problem, das sie zu lösen versuchte - und was die Antworten sind.

Was sind die Gründe für Ihre Schlussfolgerungen? Eine gut formulierte Schlussfolgerung listet die Fakten auf, auf die sie sich stützt. Diese Frage identifiziert, was diese Fakten sind. Und Sie trennen besser Fakten von Anekdoten oder *Gefühlen.*

Welche Annahmen verwenden Sie in Ihrer Theorie? Wenn es irgendwelche variablen Faktoren gibt, die verwendet werden, wenn die Schlussfolgerung gezogen wird, ist es wichtig, diese aufzuspüren. Zum Beispiel befasst sich das keynesianische Modell speziell mit wirtschaftlicher Depression, so dass eine Annahme lauten könnte „unter der Annahme, dass die Wirtschaft im vergangenen Jahr um 85% zurückgegangen ist."

Die nächsten beiden Fragen zielen darauf ab, die Unzulänglichkeiten des Denkens aufzudecken, die das Ziehen der Schlussfolgerungen beeinträchtigt haben könnten:

Gibt es Irrtümer in der Begründung? Diese Frage sucht nach Ungenauigkeiten, Fehlern oder offenkundigen Unwahrheiten in einer der angegebenen Begründungen. Zum Beispiel könnte die ursprüngliche Schlussfolgerung auf falschen Wirtschaftsdaten aus den 1930er Jahren beruhen. Es ist eine andere Art, des Teufels

Advokat zu spielen, indem man versucht, gegnerische Standpunkte oder Schlussfolgerungen zu verstehen.

Wie gut sind die Beweise? So überprüfen Sie, ob die unterstützenden Fakten hinter der Schlussfolgerung hieb- und stichfest sind, aus legitimen Quellen stammen und nicht durch Voreingenommenheit oder Fehlinformationen verfälscht wurden. Wurden Statistiken des US-Arbeitsministeriums verwendet oder ein propagandistischer persönlicher Blog von jemandem?

Es besteht die Möglichkeit, dass diese Fragen noch *mehr* Fragen aufwerfen, anstatt alle Ihre Anfragen zu beantworten. Aber noch einmal, das ist der Hauptpunkt dieser Art der Befragung: eine dreidimensionale Sicht auf das Thema zu schaffen, das Sie untersuchen, und nicht einfach bei der ersten Antwort stehen zu bleiben, die „sicher" aussieht. Sicher zu sein ist nicht dasselbe wie richtig zu sein. Beim Selbstlernen müssen Sie die erzwungenen Argumente ausblenden, die von jemandem stammen, der nur will, dass sie wahr sind, und sich auf die echten Beweise und Fakten konzentrieren. Fakten sind in der Tat nicht genug für effektives Lernen.

Von Grund auf recherchieren

Der erste Schritt, um etwas zu lernen, ist die Recherche: der schrittweise Prozess des Lesens und Analysierens von Materialien, die für Ihr gewähltes Interessengebiet relevant sind. Dies gilt besonders, wenn es selbstgesteuert ist. Aber bevor wir verstehen und synthetisieren können, müssen wir *finden*, was wir studieren werden. Das ist ein Prozess, der nicht von Natur aus schwierig ist, aber es gibt viele Minenfelder, die Ihr Lernen entgleisen lassen können.

Es gibt keinen Mangel an Informationen über fast alles, und wir haben einen besseren Zugang zu Daten und Fakten als jemals zuvor. Aber die schiere Menge an Informationen, die wir haben, kann uns vergessen lassen, wie wir effektiv recherchieren können. Wie können wir uns von fragwürdigen Quellen fernhalten und sicherstellen, dass unsere Recherche Früchte trägt?

Recherche ist ein schrittweiser Prozess. Sie ist methodisch und investigativ. Diese fünf Schritte der Recherche, wenn sie durchdacht und richtig ausgeführt werden, geben Ihnen das, was Sie brauchen, um ein neues Thema mental zu beherrschen. Es ist wichtig, dass Sie alle fünf Schritte ausführen, ohne einen auszulassen. Sie werden in der Lage sein, ein Konzept, eine Frage oder ein Problem aus einer Vielzahl von Blickwinkeln und Ansätzen zu verstehen.

Nach der Beschreibung dieser Schritte werden wir ein ausführliches Beispiel durchgehen, um zu verdeutlichen, was jeder Schritt beinhaltet.

1. Sammeln Sie Informationen. Der erste Schritt besteht darin, so viele Daten über ein Thema zu beschaffen, wie Sie nur können. Sammeln Sie alles Mögliche aus so vielen Quellen wie möglich.

In diesem frühen Stadium der Recherche sollten Sie nicht zu wählerisch sein. Holen Sie so viel wie möglich von überall her, wo Sie es finden können. Stellen Sie sich vor, wie es wäre, wenn Sie bei Google nach einem bestimmten Thema suchen würden,

10 Seiten oder mehr an Ergebnissen bekämen und auf jeden einzelnen Link klicken würden. Es geht nicht darum, sofort Antworten zu bekommen, sondern einen ersten Überblick über das Thema zu bekommen, das Sie untersuchen. Seien Sie also nicht zu restriktiv - öffnen Sie die Schleusentore. Ordnen Sie die Informationen, die Sie sammeln, in allgemeine Themen, Argumente und Meinungen. Sie werden vielleicht feststellen, dass Sie nach dieser Phase verwirrter sind als zu Beginn - das ist in Ordnung und natürlich. Wichtig ist, dass Sie alles vor sich haben, von oberflächlich bis tiefgreifend und von richtig bis zweifelhaft.

2. Filtern Sie Ihre Quellen. Nun, da Sie alle Informationen haben, die Sie brauchen, ist es an der Zeit, zu identifizieren, welche Quellen Sie haben, welche Art von Informationen sie präsentieren und ob sie gut sind oder nicht. Dieser Schritt könnte die Menge an Informationen, die Sie untersuchen, um 75% oder sogar mehr reduzieren.

Jede Informationsstelle hat eine andere Absicht und Herangehensweise an das

Thema, das sie diskutiert. Einige konzentrieren sich auf harte und direkte Daten. Einige bieten erzählende Berichte oder Anekdoten zum Thema, während andere redaktionelle Meinungen oder Theorien anbieten. Einige Quellen sind offizielle Agenturen oder Behörden in dem von Ihnen gewählten Bereich, während andere Fachzeitungen, Medien, Gruppen oder Verbände sind, die sich für das Thema interessieren. Einige sind einfach Blogs von rechthaberischen Menschen, die sich für ein bestimmtes Thema interessieren, ohne über Fachwissen oder gesunden Menschenverstand zu verfügen. Und ja, einige sind „Fake News".

Ihr Ziel ist es, die guten Quellen herauszufiltern und die schlechten außer Acht zu lassen. Eine gute Quelle untermauert ihre Argumente und Ideen mit soliden Daten, bestätigbarer Wahrheit und sorgfältiger Prüfung. Eine schlechte Quelle ist in der Regel mehr daran interessiert, durch Emotionen und Übertreibungen zu überzeugen und könnte sich dabei auf irreführende oder völlig falsche Daten stützen.

Verwechseln Sie nicht Anekdote mit Beweis, auch wenn es mehrere Anekdoten gibt. Schließlich ist jedes einzelne Ammenmärchen so entstanden.

In diesem Stadium werden Sie anfangen, einige Unterteilungen in den gesammelten Recherchen zu bemerken. Sie werden die Tendenzen und Neigungen bestimmter Quellen erkennen. Sie werden ein Gefühl dafür bekommen, welche die populärsten oder gängigsten Ansichten sind (die Mehrheit), welche die selteneren oder ungewöhnlicheren Standpunkte (die Minderheit) und welche einfach nur verrücktes Geschwafel von Verrückten sind (die Spinner). Sie werden in der Lage sein, die Quellen aufzuteilen und diejenigen zu behalten, die am zuverlässigsten und hilfreichsten sind.

3. Suchen Sie nach Mustern und Überschneidungen. Während Sie Ihr gesamtes Quellenmaterial sichten und durchsehen, werden Sie anfangen, wiederkehrende Themen, Standpunkte und Ideen zu bemerken. Bestimmte Punkte werden häufiger auftauchen, und einige werden nur einmal, scheinbar zufällig,

179

erscheinen. Sie werden anfangen, eine bessere Vorstellung von den primären und sekundären Punkten und den Grenzen des Themas zu bekommen, mit dem Sie sich beschäftigen. Sie werden auch in der Lage sein, Brücken zwischen parallelen Ideen und Überschneidungspunkten zu schlagen.

Hier können Sie die wichtigsten Komponenten Ihres Themas und die am weitesten verbreiteten Gedanken und Überzeugungen identifizieren. Im Allgemeinen werden die besten Quellen über die gleichen Dinge sprechen. Wenn das der Fall ist, können Sie sicher davon ausgehen, dass es sich um die wichtigsten Teile Ihres Themas handelt. Wenn Sie sehen, dass ein Punkt von mehreren Quellen wiederholt wird, ist das ein gutes Zeichen dafür, dass Sie ihn als einen wichtigen Punkt oder ein Thema betrachten sollten. Ebenso, wenn Sie Dinge sehen, die selten von namhaften Personen auf dem Gebiet erwähnt werden oder die nicht in die vorherrschenden Ansichten passen, wissen Sie, dass es wahrscheinlich nichts Ausschlaggebendes oder eben zu neu ist, um als wertvoll erachtet zu werden.

Das soll nicht heißen, dass weniger verbreitete oder alternative Sichtweisen unbedingt falsch sind - das sind sie nicht. Aber nutzen Sie Ihr besseres Urteilsvermögen. Wenn nur eine isolierte Quelle eine bestimmte Behauptung aufstellt, selbst wenn sie „Anhänger" hat, die mit allem, was sie sagt, übereinstimmen, ist die Wahrscheinlichkeit viel größer, dass sie etwas diskutiert, das nicht wirklich wahr oder zumindest nicht sehr wichtig ist.

Am Ende dieses Schritts sollten Sie verstehen, was die wichtigsten Punkte und Argumente sind (und warum), sowie einige der weniger wichtigen. Allein diesen Schritt zu schaffen, kann Sie im Vergleich zu anderen als Experte qualifizieren, und es ist üblich, dass die meisten Leute ihre Reise und Ausbildung hier beenden. Aber wenn Sie hier aufhören, riskieren Sie, dass Sie einem *Bestätigungsfehler* zum Opfer fallen und nicht wissen, was Sie nicht wissen.

4. Suchen Sie nach abweichenden Meinungen. An diesem Punkt werden Sie zweifellos eine Theorie oder Meinung im Kopf haben. Sie werden auch Ihre Quellen zur Unterstützung dieser Theorie ausgewählt haben. Jetzt ist es an der Zeit, nach Quellen zu suchen, die anderer Meinung sind als Sie. Dies ist ein enorm wichtiger Schritt. Ohne das volle Ausmaß der gegnerischen Argumente zu kennen, werden Sie nicht das vollständige Bild haben, das Sie brauchen, um das Thema zu verstehen. Egal, wie überzeugt Sie sind, versuchen Sie, eine zu finden.

Scheuen Sie sich nicht, Ihre eigenen Standpunkte in Frage zu stellen, indem Sie des Teufels Advokat spielen. Wenn Sie ein kleines Problem mit Ihrer Theorie haben, ist dies der Punkt, an dem Sie Ihrer Fantasie freien Lauf lassen. Stellen Sie sich alle möglichen Szenarien und Umstände vor, in denen Ihre Theorie auf die Probe gestellt werden könnte.

Das Auffinden abweichender Meinungen ist ein wichtiger Schritt, um die allzu häufige Plage des Bestätigungsfehlers zu vermeiden - unsere menschliche Tendenz, nur das zu hören und zu sehen, was wir hören und sehen wollen. Dies ist der Fall, wenn jemand unbedingt möchte, dass eine bestimmte Sache wahr ist, also lehnt er jeden soliden Beweis dafür ab, dass sie falsch ist, und akzeptiert nur Informationen, die seine Überzeugungen bestätigen. Das führt dazu, dass sie sich Daten herauspicken, die ihren Standpunkt unterstützen, und harte Beweise, die ihn widerlegen, ignorieren. Ein Bestätigungsfehler ist nicht objektiv und hat daher keinen Platz in der aktuellen Forschung. Um ihm entgegenzutreten, schenken Sie der Stimme der Opposition klare und volle Aufmerksamkeit.

An diesem Punkt kommen Sie vielleicht zu einem Ergebnis, das auf Herz und Nieren geprüft wurde. Sie haben Raffinesse und Nuancen. Das Argument ist legitim und nicht durch Trugschlüsse, Missverständnisse oder Desinformation getrübt. Sie werden Ihre eigenen Überzeugungen besser verstehen und nachvollziehen können, warum andere Leute andere Ideen haben könnten. Sie werden in der Lage sein, genau zu artikulieren, warum Sie glauben, was Sie glauben.

5. Fügen Sie alles zusammen. Dies ist der Punkt, an dem Sie Ihre Aussage machen - nachdem Sie alle oben genannten Punkte

berücksichtigt haben, anstatt „erst schießen, dann Fragen ". Dies ist ein Punkt der Klarheit für Sie. Sie können alle Aspekte des Themas oder der Frage, über die Sie sprechen, erklären. Schreiben, sprechen, skizzieren oder machen Sie ein Mindmap über Ihr neues Wissensgebiet. Hier ist ein einfacher Weg, darüber nachzudenken, wie Sie Ihr Fachwissen zusammenfassen: Stellen Sie alles zusammen, um zu zeigen, wie Sie die ganze Situation verstehen, einschließlich der kleinen und nuancierten Punkte: „X, Y und Z, weil ... *aber* A, B und C, weil ..." Wenn Sie dies nicht mit Sicherheit tun können, müssen Sie vielleicht einen oder zwei Schritte zurückgehen.

Lassen Sie uns ein Beispiel zeigen, das all diese Schritte bei der Arbeit und mit zumindest einem klaren Pfad für jeden, der ein Experte für ein bestimmtes Thema sein möchte, illustriert. Der Beschreibung halber nehmen wir an, Sie haben ein tiefes und treibendes Bedürfnis, ein Experte für die *Protestbewegungen der 1960er Jahre* zu werden.

Sammeln Sie Ihre Informationen. Sammeln Sie unterschiedslos alle Informationen, die

Sie bekommen können: Geschichtsbücher, Nachrichtenartikel, Biografien, Blogs, Videos des History Channel, Websites, Kongressprotokolle, Wochenschauen - alles. In diesem Stadium sammeln Sie einfach alle Informationen, die Sie bekommen können. Jede Information ist zu diesem Zeitpunkt eine gute Information. Nutzen Sie alle Medien, die Ihnen zur Verfügung stehen. Vergessen Sie nicht, sofort mit der Organisation zu beginnen, indem Sie Gedanken und Meinungen gruppieren und kategorisieren.

Filtern Sie Ihre Quellen. Haben Sie Nachrichtenausschnitte aus etablierten Quellen wie *der New York Times* oder dem *Time* Magazin? Sind die Geschichten nachprüfbar? Liefern Ihre Biografien und Sachbücher aussagekräftige Informationen, die abgesichert sind, oder handelt es sich um Gedankenspiele, die sich nicht auf viele Daten stützen? Sind die Blogs, die Sie sich ansehen, zuverlässig referenziert, oder sind sie schlampig zusammengestellt und mit Übertreibungen gefüllt? Schauen Sie eigentlich nur *Drunk History?* An diesem Punkt sollten Sie Ihr Urteilsvermögen einsetzen und entscheiden, welche Quellen es wert sind, gehört zu werden (auch wenn sie seltene Argumente haben) und welche Quellen Sie verwerfen sollten (auch wenn sie populäre Standpunkte nachplappern). Es tut mir leid, das zu sagen, aber manche Meinungen sind mehr wert als andere.

Suchen Sie nach Mustern. Untersuchen Sie Ihre Quellen auf wiederholte Erwähnungen oder Beschreibungen ähnlicher Ereignisse - z. B. das Bürgerrechtsgesetz, die Ermordung von JFK, der Parteitag der Demokraten 1968. Suchen Sie nach ähnlichen Trends in verschiedenen Epochen: wirtschaftlicher Status, Arbeitslosenquoten, Wahlergebnisse, bestimmte Versammlungen oder Proteste. Je häufiger ein bestimmtes Ereignis oder ein bestimmter Trend in Ihrem Rückblick auftaucht, desto wahrscheinlicher ist es, dass es für das Thema wirklich von Bedeutung war. Untersuchen Sie alle Ansichten, die Sie finden können: Mehrheitsmeinung, Minderheitsmeinung und sogar die verrückten Ideen. Wenn Sie wiederkehrende Muster finden, erhalten Sie einen dreidimensionaleren Blick auf die Materie.

Suchen Sie abweichende Meinungen.
Hoffentlich haben Sie sich inzwischen eine
Arbeitsthese zurechtgelegt; jetzt stellen Sie
sie auf den Prüfstand, indem Sie gut
begründete gegnerische Standpunkte
finden. Idealerweise enthält etwas von
Ihrem gefilterten Lesematerial mindestens
ein Gegenargument, das rational
konstruierte Standpunkte enthält.
Alternativ kann auch eine (sehr vorsichtige)
Google-Suche einige Ergebnisse liefern.
Wägen Sie diese abweichenden Meinungen
gegen Ihre Argumentation ab und
überlegen Sie, wo Sie bestimmte Teile Ihrer
Behauptungen anpassen müssen. Gehen Sie
davon aus, dass jeder von ganzem Herzen
glaubt, dass er richtig liegt, und Sie werden
offener dafür sein, die Standpunkte anderer
zu suchen, anstatt sie abzuschmettern.

Untersuchen Sie nicht nur, was diese
Meinung ist, sondern auch, warum sie
vertreten wird und auf welchen Annahmen
sie beruht. Fügen Sie eine beliebige
Verschwörungstheorie ein, die Sie vielleicht
über prominente Attentate gehört haben,
und Sie werden die Idee verstehen - warum
gibt es diese Ideen und wem nützt sie?

Fassen Sie alles zusammen. Egal, ob Sie es für sich behalten oder veröffentlichen, fassen Sie Ihre Entdeckungen und Meinungen zusammen und halten Sie sie gut zugänglich. Stellen Sie sicher, dass Sie so viele Gesichtspunkte wie möglich berücksichtigt haben, sowohl von unterstützenden als auch von gegnerischen Standpunkten. Zum Beispiel könnten Sie der Meinung sein, dass die Protestbewegungen der 60er Jahre aus einem aufrichtigen Wunsch nach Veränderung entstanden sind, aber Sie könnten auf einige Meinungen gestoßen sein, die besagen, dass es sich um von der Regierung koordinierte Insider-Jobs handelte. Lassen Sie Raum für die abweichenden Schlussfolgerungen anderer - sie werden Ihrem Endergebnis mehr Körper und Legitimität verleihen. Denken Sie daran: „X, Y und Z, weil..., *aber* A, B und C, weil..."

Die Fertigkeit der Selbstdisziplin

Als ich jung war, war ein Gleichaltriger namens Damon stark in „Schein-Gericht" Turnieren. Das sind Wettbewerbe, bei denen man so tut, als wäre man Teil eines

Anwaltsteams, das verschiedene Fälle vor einem Richter vertritt, und wenn man damals vier Fälle in Folge gewann, wurde man Bezirksmeister.

Bevor er zu den Mock-Turnieren kam, interessierte sich Damon nicht so sehr für das Gesetz. Er interessierte sich mehr für Basketball. Aber als er in der Schule herausfand, dass er wirklich gut darin war, beschloss er, nach dem Hochschul-Abschluss Jura zu studieren. An der Universität sprach er immer von seinem Ehrgeiz, Anwalt zu werden und große Fälle zu verhandeln, die die Gesellschaft mit seinem Markenzeichen, seinem Witz und seiner Gerissenheit, beeinflussen würden.

Jahre später begegnete ich Damon in einem örtlichen Café. Ich fragte ihn nach seinen Ambitionen als Anwalt und er wurde ein wenig sauer. „Ich habe aufgegeben. Ich habe unterschätzt, wie viel Arbeit es macht und wie viele Mitstreiter es geben würde. Ich hatte mich wirklich darauf gefreut. Aber nach ein paar Monaten Jurastudium hat mich beunruhigt, wie viel von meinem Leben es in Anspruch nehmen würde und wie unüberwindbar die ganze Arbeit war,

189

also habe ich abgebrochen. Jetzt ist mein Leben viel ruhiger, aber es ist langweilig. Ich frage mich, ob ich der Sache eine größere Chance hätte geben sollen."

Wir haben Sie in diesem Kapitel mit einer Reihe von Werkzeugen ausgestattet - Strukturmodellen, Tipps zur Zielsetzung, Vorschläge zur Zeitplanung und Möglichkeiten, Ihre intellektuelle Herangehensweise neu auszurichten und sinnvolle Untersuchungen zu Ihrem Thema durchzuführen. Bei all diesen Informationen könnten Sie auf den ersten Blick entmutigt werden und denken, dass der ganze Prozess der Selbstbildung, nun ja, unüberwindbar ist.

Und Sie hätten genau Recht. Sie nehmen sich eines Themas an, mit dem Sie zumindest teilweise nicht vertraut sind, und gehen es von Grund auf an, ohne dass eine äußere Kraft Ihnen hilft, es zu führen. Ich will es nicht beschönigen: Das wird nicht einfach sein. Sie sollten nicht unterschätzen, was für ein harter Job das sein wird.

Aber warum sollten Sie es sonst tun wollen? Es wird in diesem Prozess Momente geben, in denen Sie nicht wissen, wohin Sie als nächstes gehen sollen. Dieses Nichtwissen wird dazu führen, dass Sie sich unwohl und ungeleitet fühlen.

Manchmal werden Sie sich wie ein Jongleur fühlen, dem die Hände ausgehen. Sie werden mit Informationen übersättigt sein. Sie werden nicht genau wissen, wie Sie alle Punkte verbinden und die Teile zusammenfügen sollen. Es wird Konzepte geben, die Sie nicht sofort begreifen können. Sie haben mehrere Teller, die sich in der Luft drehen, und wissen nicht, was mit ihnen passiert, bis sie auf den Boden fallen.

Sie werden wahrscheinlich aufhören wollen. Wenn Sie das nicht tun, werden Sie sich zumindest fragen, ob diese ganze Ungewissheit am Ende wirklich die Mühe wert ist. Vielleicht fühlen Sie sich mehr als einmal so.

Dann, irgendwann, wahrscheinlich wenn Sie es am wenigsten erwarten, werden Sie das erste „Klicken" in Ihrem Kopf hören - und etwas wird endlich einen *Sinn* für Sie ergeben.

Das wird passieren.

Aber bevor es das tut, müssen Sie den Anfang des Prozesses durchstehen. Und mit sehr wenigen Ausnahmen sind Anfänge irgendwie ätzend. Sie mögen mit Zuversicht und Entschlossenheit beginnen und sogar ein paar Punkte am Anfang mit diesen Gefühlen durchstehen. Dann, irgendwann, wenn Sie das Gefühl haben, dass Sie einen großen Sprung nach vorne machen sollten, werden Sie auf eine mentale Blockade stoßen. Sie werden sich ängstlich und zweifelnd fühlen.

Wenn das *tatsächlich* passiert, denken Sie einfach daran: Sie haben sich nicht dazu verpflichtet, nur einen Teil des Weges zu beenden. Sie haben sich auf lange Sicht verpflichtet. Sie haben sich der größeren Vision verpflichtet. Denken Sie daran, herauszuzoomen und zu verstehen, dass der gegenwärtige Moment immer nur ein Ausschnitt sein wird, ob positiv oder negativ.

Deshalb ist es wichtig, die langfristige Perspektive im Auge zu behalten, wenn Sie unangenehme Momente beim Selbstlernen durchmachen. Ihre Momente der Angst werden vorübergehen. Es ist alles nur vorübergehend.

Zugegeben, wir sind es nicht gewohnt, den Blick über den Tellerrand hinaus zu richten. Wir sind eher darauf konditioniert, uns mit dem zu beschäftigen, was direkt vor uns ist, uns um die unmittelbarsten Dinge zu kümmern. In dieser Sichtweise haben Ängste und Sorgen eine ungewohnte Macht: Sie sind direkt im Moment da und wir spüren sie stärker. Enttäuschung und Desillusionierung kommen im Leben eines jeden vor, besonders wenn wir daran arbeiten, uns zu verbessern. Diese aktiven negativen Emotionen sind präsent und sicher - und die Zukunft, die wir zu verbessern versuchen, ist überhaupt nicht sicher.

Wenn Sie jedoch Ihre langfristigen Ziele im Auge behalten, können Sie diese negativen Emotionen überwinden. Wenn sie auftauchen, nehmen Sie sie einfach zur Kenntnis, bestätigen Sie ihre Realität und rufen Sie die Gründe auf, warum Sie dieses Vorhaben in Angriff nehmen: auf lange Sicht. Dann machen Sie weiter.

Scheitern soll Sie nicht dazu bringen, mit dem, was Sie tun, aufzuhören - es soll Sie umlenken und ermutigen, einen neuen Weg zu finden. Wir beweisen uns, indem wir uns den Herausforderungen stellen, die immer wieder auf uns zukommen werden.

Was langfristiges Denken uns lehrt, ist, dass all diese einzelnen Momente des Schreckens über die ungewisse Zukunft vorübergehend sind. Sie werden nicht von Dauer sein. Indem wir uns auf die Ziellinie konzentrieren, egal wie weit sie noch entfernt ist, werden diese ängstlichen Momente mit der Zeit ihre Macht verlieren. Sie werden sich schließlich als genau das anfühlen, was sie wirklich sind: vorübergehende Rückschläge und kleine Übungen, die Sie durchlaufen müssen, um Ihr Ziel zu erreichen.

Eines von zwei Dingen wird passieren, wenn Sie das lange Spiel auf sich nehmen und anerkennen, dass der Schmerz nicht von Dauer sein wird: Entweder gewöhnen Sie sich an das Unbehagen oder das Unbehagen wird sich auflösen. In beiden Fällen wird die Angst ihre Macht über Sie verlieren.

In ähnlicher Weise müssen Sie *Verwirrungsresistenz* aufbauen. Diese Verwirrung kann dadurch entstehen, dass man nicht weiß, wo man anfangen soll, dass man ratlos ist, wie man ein Problem angehen soll, dass man eine verworrene Vorstellung davon hat, was man erreichen will, dass man sich fragt, welche Ressourcen verfügbar und für die Aufgabe relevant sind, und so weiter. Bei der Verwirrungsresistenz geht es darum, bei einer Aufgabe zu bleiben und durchzuhalten, anstatt sie aufzugeben, wenn es zu schwierig wird. Es geht darum, durchzuhalten, wenn man die Unsicherheit und Verwirrung hat, mit mehreren Bällen zu jonglieren und nicht zu wissen, wo sie alle landen werden. Es ist das Gefühl, an eine Weggabelung mit 10 Wegen zu kommen und jeden Weg analysieren zu müssen.

Angenommen, Sie stehen mitten in einem unordentlichen Raum, der mit Kisten über Kisten voller Unordnung gefüllt ist, die Sie umräumen und organisieren müssen. Es ist ein unangenehmes Gefühl, im Wesentlichen von Chaos umgeben zu sein. Sie müssen kreativ werden, wenn es darum geht, das Innere des Raumes zu organisieren, um genug Platz für alles zu haben, was Sie darin unterbringen müssen. Wenn Sie nicht in der Lage sind, das Chaos zu ertragen, das durch den Berg von unorganisiertem Zeug um Sie herum entsteht, werden Sie nie lange genug bei der Aufgabe bleiben, um eine praktikable Lösung zu finden.

Sie brauchen genügend Durchhaltevermögen, um das anfängliche Durcheinander zu überstehen, mit dem Sie konfrontiert werden, ebenso wie die persönliche Verwirrung, die Sie empfinden können, wenn Sie nicht wissen, wo Sie anfangen sollen oder wie Sie die Aufgabe erledigen sollen.

Die Quintessenz ist, sich daran zu erinnern, dass Sie, wenn Sie sich auf das Selbstlernen einlassen, etwas tun, das einzigartig lohnend ist und das nur einige von uns jemals tun. Es wird Ihr Leben und Ihr Selbstvertrauen in exponentiell positiver Weise beeinflussen. Es wird schwer sein, es wird frustrierend sein, und es wird eine Weile dauern. Aber nehmen Sie die

Ungewissheit und die Herausforderung an und behalten Sie die langfristige Perspektive im Auge. Wenn Sie endlich am Ziel sind, werden all diese Hindernisse im Nachhinein wie Ameisenhaufen aussehen, und Sie werden wissen, dass Sie sie überwunden haben.

Konzepte vor Fakten, Verstehen vor Erinnern

Der Forscher Roger Säljö fand 1979 heraus, dass wir dazu neigen, den Akt des Lernens auf verschiedene Arten zu betrachten, aber er kann im Allgemeinen in zwei grobe Kategorien eingeteilt werden: *oberflächliches* Lernen und *tiefes* Lernen. Oberflächliches Lernen bezieht sich auf den Erwerb von Wissen, Fakten und Auswendiglernen; tiefes Lernen bezieht sich auf das Abstrahieren von Bedeutung und das Verstehen der Realität.

Die Verwendung der Worte „Oberfläche" und „Tiefe" könnte implizieren, dass letzteres in allen Situationen besser ist als ersteres, aber das stimmt nicht immer. Manche Dinge lernt man am besten durch Auswendiglernen, anstatt zusätzlich nach einer „Bedeutung" zu suchen, um diese Dinge in einen Kontext zu bringen. Wenn ich Ihnen eine Liste mit 30 zufälligen Gegenständen gebe und Sie bitte, sich diese zu merken, würde es wahrscheinlich nicht helfen, Ihr Gehirn zu durchforsten, um ein Muster oder eine Beziehung zwischen den einzelnen Gegenständen zu finden. Es würde Ihre Zeit verschwenden, wenn die Aufgabe, um die es geht, einfach darin besteht, Informationen zu behalten. Und Sie würden letztendlich bei einem Test sehr gut abschneiden, wenn Sie für das Lernen an der Oberfläche optimieren würden.

Aber meistens dient das Auswendiglernen dazu, Fakten zu isolieren, anstatt sie zu verbinden. Es etabliert Fakten als einzelne Informationsstücke, und ohne einen erdenden Kontext oder eine Beziehung zu einem größeren Konzept verankert es das Gelernte nicht. Manchmal ist das in Ordnung, aber die Folge ist, dass das Gelernte sehr leicht aus dem Kurzzeitgedächtnis herausrutscht.

Die überwältigende Mehrheit der Dinge, die man lernen kann, haben eine Art Muster - versteckt oder offensichtlich. Diese Muster sind in der Regel das, was Sie am meisten lernen wollen. Ohne diese Muster wäre das, was Sie lernen, offen gesagt, sowieso nicht nützlich. Muster machen Konzepte nützlich. Ohne sie haben Konzepte nur eine sehr begrenzte oder vorübergehende Relevanz und wären daher gar nicht erst wichtig zu lernen.

Ein typischer Studiengang enthält eine Mischung aus großen Ideen und einigen kleineren Details. In dieser Umgebung ist es immer die beste Idee, mit den großen Ideen zu beginnen - den übergreifenden Konzepten, die die kleinen Details miteinander verbinden.

Der Hauptgrund dafür ist, dass viele kleine Details zunächst zufällig wirken, aber wenn sie durch die Linse des größeren Konzepts gesehen werden, passen sie zusammen und bilden einen Kontext. Das macht es für das Gehirn einfacher, sie zu erkennen und sich zu erinnern.

In der Tat können Sie oft auf viel Auswendiglernen verzichten, weil die Konzepte selbst oft dazu dienen, die Fakten zu erklären. Anstatt zu versuchen, etwas auswendig zu lernen, folgen Sie dem

Konzept bis zu seinem Ende, und nehmen Sie die Fakten währenddessen automatisch auf. Wie Zwischenüberschriften in einer Gliederung fallen sie unter den entsprechenden Überschriften an ihren Platz - es ist eine logische Folge. Wenn Sie die herrschenden Prinzipien einer Sache verstehen, folgen natürlicherweise die Fakten.

Wenn Sie zum Beispiel die Geschichte der Miranda-Rechte in den Vereinigten Staaten studieren, könnten Sie sich alle Hauptakteure einprägen: die Richter des Obersten Gerichtshofs, die Anwälte und die Namen der Kläger und Beklagten. Sie könnten sich die Daten des Falles einprägen. Sie könnten sich die Stimmenzahlen von allen Gerichten merken, die an der Klage und den Berufungen beteiligt sind. Sie könnten sich die Namen der Fälle, die danach kamen, einprägen. Sie könnten sogar den Inhalt der Miranda-Rechte aufschreiben („Sie haben das Recht zu schweigen", usw.).

Keiner dieser Fakten hätte für sich genommen irgendeine Relevanz, und wir hätten keinen Grund, sie im Gedächtnis zu behalten. Die Betonung der größeren Konzepte, die die Miranda-Regel umgeben - die Rechte des Angeklagten, das Vorgehen der Polizei oder bahnbrechende Fälle des Obersten Gerichtshofs -, helfen dabei, die Fakten zu bündeln, wenn sie auftauchen. In diesem Kontext ist es wahrscheinlicher, dass das Gehirn die Informationen behält, die es tatsächlich über das Thema wissen muss. Sie wären in der Lage, die Fakten im Wesentlichen mit einem angemessenen Grad an Genauigkeit vorherzusagen, sobald Sie die zugrunde liegenden Konzepte und deren Zusammenspiel verstehen.

Dies wird als *Konzeptlernen bezeichnet.* Es zeigt uns, wie wir Gegenstände nach bestimmten kritischen Eigenschaften kategorisieren und unterscheiden können. Es beinhaltet das Abrufen von Mustern und die Integration von neuen Beispielen und Ideen. Im Gegensatz zur mechanischen Technik des gebetsmühlenartigen Auswendiglernens, ist Konzeptlernen etwas, das aufgebaut und kultiviert werden muss.

Konzeptlernen im täglichen Leben anwenden. Die Anwendung der

Konzeptmethode beim Lernen und Entwickeln neuer Fähigkeiten, auch außerhalb des Klassenzimmers oder des Hörsaales, kann helfen, neue Bedeutungen abzuleiten und, durch logische Erweiterung, sogar die Art und Weise verbessern, wie wir bestimmte Tätigkeiten oder Jobs ausführen.

Kochen ist ein einfaches Beispiel. Die übliche Praxis ist, dass das Erlernen eines neuen Rezepts das Befolgen einer Liste von Zutaten und einer Reihe von Anweisungen beinhaltet. Wenn Sie eine Tomatensoße für Nudeln machen, können Sie ein beliebtes Rezept im Internet nachschlagen und es in der Nähe haben, während Sie es zubereiten. Sie können diese Übung so oft wiederholen, wie Sie wollen, und irgendwann kennen Sie die Schritte wahrscheinlich gut genug, um sie ohne Anleitung zu wiederholen.

Aber den *Sinn* der einzelnen Schritte zu verstehen, ist nicht etwas, das in den Anleitungen zum Ausdruck kommt. Sie erklären in der Regel nicht, *warum* man Zwiebeln und Knoblauch zuerst anschwitzt, *warum* man die Sauce zum Kochen bringt oder *warum* man sie eine Zeit lang köcheln lässt. Wenn Sie verstehen, dass das Anschwitzen der Zwiebeln und des Knoblauchs eine Geschmacksbasis bildet, dass das Kochen der Sauce die Zutaten verteilt und dass das Köcheln die Aromen miteinander verbindet, können Sie den Prozess der Zubereitung besser verstehen.

Am wichtigsten ist, dass das Verständnis dieser Konzepte es einfacher macht, die Techniken in anderen, völlig anderen Gerichten zu erkennen und zu verwenden: Suppen, Chili, Soßen und sogar einfache Brühe und Fond. Noch weiter gehend, könnte das Erlernen der Einzelheiten der exakten wissenschaftlichen Prozesse die Tür zu *völlig anderen* Gerichten öffnen, die nicht auf Flüssigkeit basieren - mit anderen Worten, zu jedem Lebensmittel, das Sie sich vorstellen können. Wenn Sie einfach nur wissen, welche Aromen dazu neigen, sich zu widersprechen und welche dazu neigen, sich zu ergänzen, werden Sie einem Koch, der Rezepte nur auswendig lernt, weit voraus sein.

Diese Vorlage kann man ganz einfach wiederholen. Ein Kleinunternehmer, der ein Steuerbudget ausrechnet, ist besser bedient, wenn er die Konzepte der Besteuerung und deren Verteilung kennt. Ein Musiker, der versteht, wie der Rhythmus im Kontext eines Songs funktioniert, weiß besser, wie man eine Drum Machine programmiert. Ein Schachspieler hat mehr davon, wenn er die Unterschiede zwischen Gesamtstrategien versteht, anstatt zu lernen, wohin jede Figur ziehen kann. Sogar ein Wäscher macht weniger Fehler und ruiniert weniger Kleidung, wenn er lernt, wie kaltes und heißes Wasser Farben auf unterschiedliche Weise beeinflusst.

Sie können die Einzelheiten einer Aufgabe lernen und sie sogar ein paar Mal angemessen ausführen. Aber das Wissen um die Prinzipien und Ideen, die sie miteinander verbinden, ist ein effektiverer Weg, um diese Fakten oder Fähigkeiten zu bewahren und zu behalten. Wenn es an der Zeit ist, etwas Neues zu lernen, können Sie dieses neue Wissen sehr gut mit Konzepten verknüpfen, die Sie bereits verinnerlicht haben.

Das Erlernen von Heuristiken ist dem Akt des Konzeptlernens sehr ähnlich (Barsalou,

1991, 1992). Heuristik beschreibt ein Denk-
oder Verhaltensmuster, das Kategorien von
Informationen und die Beziehungen
zwischen ihnen organisiert. Es nimmt
unsere vorgefassten Vorstellungen oder
Ideen von der Welt und nutzt sie als Mittel
zur Interpretation und Klassifizierung
neuer Informationen.

Zum Beispiel gibt es Verhaltensweisen, die
Sie auf einer Geburtstagsfeier an den Tag
legen würden, die Sie auf einer Beerdigung
nicht tun würden (und hoffentlich auch
andersherum). Die „Codes", denen Sie
folgen, wie Sie sich in jeder Situation und
bei jeder anderen Gelegenheit verhalten
würden, sind in einer Heuristik geordnet. Es
ist immer hilfreich, die heuristischen Regeln
für das, was Sie gerade lernen wollen,
festzulegen und zu verstehen. In jedem Fall
sollten Sie die Konzepte und das
Verständnis im Vordergrund behalten, denn
sie können oft die Lücken für Sie füllen und
es Ihnen ermöglichen, in kürzerer Zeit mehr
zu lernen.

Die richtige Einstellung

Dieser letzte Punkt bringt das Buch zu einem sauberen Ende, da er die im ersten Kapitel dargelegten Prinzipien artikuliert. Was Sie am Ende lernen, ist das, was Sie glauben, dass Sie am Ende lernen werden.

Mit anderen Worten, dies spricht das Selbstvertrauen, die Motivation und die gesamte Einstellung an, die Sie in jeden neuen Tag mitbringen.

Dr. Carol Dweck von der Stanford University untersucht seit Jahrzehnten die Einstellung zum Lernen, wie sie in ihrem Buch *Mindset: Die neue Psychologie des Erfolgs* darlegt. Dweck stellte fest, dass die meisten Menschen einer von zwei Denkweisen anhängen: fixiert oder Wachstum.

Menschen mit einer fixen Denkweise glauben, dass Talent und Intelligenz angeborene genetische Eigenschaften sind. Entweder man hat Talent oder man hat keins. Entweder wurde man mit Intelligenz geboren oder nicht. Entweder man kann Französisch lernen oder nicht. Es gibt nichts, was Sie tun können, um diese Tatsache zu ändern, weil es einfach Ihr Schicksal ist. Sie können sich vorstellen, wie sich das auf Ihre Bemühungen und Ihre Einstellung zum Selbstlernen auswirken könnte.

Diejenigen mit der Wachstumsmentalität hingegen glauben, dass Talent, Intelligenz und Fähigkeiten entwickelt werden können, während man sich entwickelt. Durch Arbeit, Einsatz und Anstrengung kann eine Person talentiert oder intelligent *werden*. Für die wachstumsorientierte Denkweise ist ein Misserfolg nicht fatal, sondern nur ein weiterer Schritt auf der Lernkurve. Wenn man sich anstrengt, wird es *kleine* Veränderungen und Verbesserungen geben, die sich dann zu einer *Menge* aufbauen. Es ist nur ein längerer Prozess.

Dweck fand heraus, dass Menschen mit einer fixen Denkweise dazu neigen, ihre Bemühungen auf Aufgaben mit hohen Erfolgschancen zu konzentrieren, was aus dem Wunsch resultiert, „schlau auszusehen". Sie hielten sich von Aufgaben fern, bei denen es um jede Art von Anstrengung ging. Sie vermieden Hindernisse, ignorierten Kritik und fühlten sich von den Erfolgen anderer bedroht. Sie neigten auch dazu, keine neuen Dinge auszuprobieren oder zu experimentieren, weil sie das Gefühl hatten, dass ein Misserfolg unmittelbar bevorstand.

Menschen mit Wachstumsmentalität, so behauptete Dweck, waren offener und nahmen Herausforderungen an. Sie glaubten, dass Hartnäckigkeit und Anstrengung das Ergebnis ihres Lernens verändern könnten. Sie überwanden hartnäckig Hindernisse, hörten auf kritisches Feedback von anderen und nutzten die Erfolge anderer als Inspiration und Lernmöglichkeit.

Wie Sie Herausforderungen, Rückschläge und Kritik interpretieren, ist Ihre Entscheidung. Sie können sie mit einer fixen Denkweise interpretieren und sagen, dass Sie nicht das Talent oder die Fähigkeit haben, erfolgreich zu sein, oder Sie können die Wachstumsmentalität annehmen, um diese Hindernisse als Gelegenheit zu nutzen, sich zu strecken, Ihre strategischen Bemühungen zu verstärken und Ihre Fähigkeiten zu erweitern. Sie können sich sicher denken, was dem beschleunigten Lernen und der Auseinandersetzung mit

Neuem förderlicher ist - was halten Sie für einen Fehler beim Lernen?

Dwecks äußerst aufschlussreiche Forschung untersuchte, wie diese Denkweisen entstehen. Es überrascht nicht, dass es wahrscheinlich schon früh in unserem Leben beginnt. Es ist nicht die Absicht, hier auf Sigmund Freuds Ansatz zu verweisen, dass alles, was wir sind, ein Ergebnis unserer Kindheitserfahrungen ist, aber es gibt zweifellos mehr Zusammenhänge, als man auf den ersten Blick sieht.

In einer bahnbrechenden Studie stellten Dweck und ihre Kollegen Vierjährige vor die Wahl: Sie konnten entweder ein einfaches Puzzle wiederholen oder ein schwierigeres versuchen.

Kinder, die eine fixe Mentalität aufwiesen, blieben auf der sicheren Seite und wählten die einfacheren Puzzle, die die Fähigkeiten, die sie bereits hatten, bestätigten, während die Kinder mit einer Wachstumsmentalität die bloße *Option* als seltsam empfanden: Warum sollte jemand immer wieder das gleiche Puzzle machen wollen und nichts Neues lernen?

Die Kinder mit fester Mentalität waren auf Ergebnisse fokussiert, die den Erfolg garantieren und ihnen den Anschein geben, intelligent zu sein. Die wachstumsorientierten Kinder wollten ihre Fähigkeiten erweitern. Für sie bestand die Definition von Erfolg darin, schlauer zu *werden*. Letztendlich taten die wachstumsorientierten Kinder das, was sie tun wollten, weil sie sich nicht unbedingt über Möglichkeiten oder Versagen sorgten.

Die Studie von Dweck wurde noch interessanter. Sie brachte Erwachsene in das Gehirnwellenlabor an der Columbia University, um zu untersuchen, wie sich ihre Gehirne verhielten, als sie Fragen beantworteten und Feedback erhielten.

Die Kinder mit „fester Mentalität" waren nur an Feedback interessiert, das ihre derzeitigen Fähigkeiten widerspiegelte. Sie stellten sich taub gegenüber Informationen, die ihnen hätten helfen können, zu lernen und ihre Leistung zu verbessern. Auffallend ist, dass sie kein Interesse daran zeigten, die richtige Antwort auf eine Frage zu hören, die sie falsch beantwortet hatten - sie hatten ihre Antwort bereits als Fehlschlag abgestempelt und hatten keine weitere Verwendung dafür.

Menschen mit Wachstumsmentalität hingegen achteten sehr auf Informationen, die ihnen helfen würden, Wissen zu erwerben und neue Fähigkeiten zu entwickeln. Für sie war es keine Schande, eine Antwort falsch zu haben, und die Erklärung der richtigen Antwort wurde als große Hilfe für ihre Entwicklung begrüßt. Die Prioritäten der Kinder mit dem Wachstumsgedanken waren das Lernen - nicht die binäre Ego-Falle von Erfolg oder Misserfolg. Was sich in der Kindheit manifestiert, kann uns ein ganzes Leben lang begleiten, wenn man sich nicht damit befasst.

Glücklicherweise muss eine fixe Denkweise, egal wie tief sie in einer Person verwurzelt ist, kein so dauerhafter Zustand sein, wie sie vielleicht glauben. Denkweisen sind formbar und können gelehrt werden. Wie sich herausstellt, *kann* ein alter Fuchs auch neue Tricks lernen.

Dweck und ihre Kollegen entwickelten eine Technik, die sie „Growth Mindset Intervention" („Förderung der

Wachstumsmentalität") nannten. Die Verwendung des englischen Wortes „Intervention" lässt es vielleicht wie eine Midlife-Crisis klingen, aber das Schöne an der Idee ist, wie klein die Anpassungen wirklich sind. Kleine Änderungen in der Kommunikation - selbst in den harmlosesten Kommentaren - können lang anhaltende Auswirkungen auf die Denkweise einer Person haben. Das gilt auch für die Art und Weise, wie Sie mit sich selbst kommunizieren.

Ein wichtiger Schwerpunkt bei dieser Technik ist die Art des Lobes. Jemandem ein Kompliment für seinen Prozess zu machen (‚Ich finde es wirklich toll, wie du dich mit diesem Problem auseinandergesetzt hast") und nicht für eine angeborene Eigenschaft oder ein Talent (‚Du bist so klug") ist ein einfacher, aber wirkungsvoller Weg, um die Wachstumsmentalität zu fördern.

Talentlob verstärkt nur die Vorstellung, dass Erfolg oder Misserfolg auf einer angeborenen, unveränderlichen, statischen und stagnierenden Eigenschaft beruht. Prozesslob lobt die Anstrengung und die Arbeit - die *Aktion*, die unternommen wird, um zum nächsten Schritt zu gelangen. Sie wollen die Idee bekräftigen, dass Talent unwichtig ist, während Anstrengung alles ist.

Es stimmt, dass es unter uns Polyglotten gibt, die scheinbar in der Lage sind, neue Sprachen innerhalb von Tagen zu lernen. Aber sie sind die große Minderheit; alle anderen, die jemals eine neue Sprache gelernt haben, haben sich Monate oder Jahre lang abgemüht und haben wahrscheinlich immer noch einen Akzent und schlechte Grammatik. Aber sie haben daran geglaubt, dass sie es können, und dass Stolpersteine zur Reise dazugehören.

Dies ist bei weitem kein Buch über Geisteshaltung, aber alle Techniken, die wir besprochen haben, werden nutzlos sein, wenn Sie nicht daran glauben, dass sie Sie zu dem gewünschten Ergebnis führen können. Selbstlernen beginnt damit, dass Sie davon überzeugt sind genau der Typ Mensch zu sein, der gut darin sein kann. Und zwar einfach weil Sie es tun wollen - nicht aufgrund Ihrer Vergangenheit, vermeintlicher Talente oder Unzulänglichkeiten oder willkürlich einschränkender Glaubenssätze. Ob Sie nun glauben, dass Sie selbst lernen können oder nicht, Sie werden Recht behalten. Fangen Sie langsam an, machen Sie sich an die Arbeit, und Sie werden überrascht sein, wo Sie in kurzer Zeit stehen.

Fazit:

- Es gibt bestimmte Fähigkeiten und Gewohnheiten, die Sie in Ihrem Streben nach Selbstlernen und Selbsterziehung kultivieren müssen. Viele davon rühren von der einfachen Tatsache her, dass Sie sich selbst motivieren müssen, da Sie niemanden haben, der Ihnen Vorschriften macht. Auch hier taucht wieder das Thema auf, dass Sie sowohl Schüler als auch Lehrer sein müssen.
- Erstens sollten Pläne, Zeitpläne und Ziele eine wichtige Rolle in Ihrem Selbstlernprozess spielen. In der Tat sollten sie eines der ersten Dinge sein, die Sie erstellen - alle drei. Nehmen Sie sich ein Beispiel an Benjamin Franklin (ein großes Beispiel!) und führen Sie einen Tagesplan ein, der Ihre Entscheidungsfindung vereinfacht, sowie einen Plan und Zeitplan für die

Erreichung Ihrer Ziele. Stellen Sie sicher, dass Ihre Ziele herausfordernd genug sind, um motivierend zu sein, aber nicht so unerreichbar, dass sie entmutigend wirken. Denken Sie SMART.

- Die Information wird sich Ihnen nicht von selbst einprägen. Sie müssen einen Dialog mit dem ausgewählten Material führen, und mit ihm auf eine Weise interagieren, die das Fehlen eines anregenden Lehrers oder Professors ausgleicht. Sie müssen die Informationen herausziehen. Dies können Sie erreichen, indem Sie kritische und bohrende Fragen stellen - das Ziel ist es, Verständnis, Kontext und Perspektive zu erlangen, und nicht, eine richtige Antwort zu finden. Solange Sie sich auf das übergeordnete Ziel konzentrieren, nämlich eine nuancierte und dreidimensionale Sicht auf ein Thema zu finden, werden Ihre Fragen gut gelenkt sein.

- Recherche. Man kann nicht einfach in die Bibliothek gehen und ein Buch ausleihen oder Wikipedia konsultieren und dann Feierabend machen. Ähnlich wie beim vorherigen Punkt zur

Informationsbeschaffung müssen Sie sicherstellen, dass Sie ein vollständiges und gründliches Verständnis eines Themas durch fünf Schritte finden: Sammeln, Filtern, Muster finden, abweichende Meinungen suchen und alles zusammenfügen.

- Selbstdisziplin ist in hohem Maße erforderlich, denn Selbstlernen ist nicht von Natur aus eine angenehme Angelegenheit. Es ist Arbeit. Und es kann Ängste, Stress und Entmutigung hervorrufen, die letztendlich zum Aufgeben führen. Betrachten Sie Ihre Momente der Angst als zeitweise und vorübergehend. Der Schmerz wird nicht ewig andauern, Sie werden sich entweder daran gewöhnen, oder Sie werden über ihn hinwegkommen. Dies sind alles akzeptable Ergebnisse des gelegentlich schmerzhaften Prozesses, den Sie durchleben müssen.

- Tiefes Lernen und oberflächliches Lernen sind unterschiedlich. Tiefes Lernen entsteht durch das Verstehen von Konzepten und Mustern und ersetzt dann oft die Notwendigkeit des oberflächlichen Lernens. Die gleiche

Parallele besteht in Bezug auf den Versuch, etwas auswendig zu lernen, im Gegensatz zum Versuch, es zu verstehen. Wenn Sie einfach Konzepte und Verständnis priorisieren, werden Sie in der Lage sein, die Lücken bestimmter Informationen selbst auszufüllen.

- Bevor Sie selbst lernen können, muss Ihre Denkweise dies ermöglichen. Sie können entweder eine wachstumsorientierte oder eine *fixe* Mentalität haben - erstere erkennt an, dass Wachstum bei ausreichender Anstrengung eintritt (Wachstum=Anstrengung), während letztere glaubt, dass Wachstum nicht mit Anstrengung verknüpft ist, sondern mit Glück/Veranlagung/angeborenen Talent (Wachstum=Glück). Die Wachstumsmentalität ermöglicht es Ihnen, effektiv zu lernen, weil sie den Glauben vertritt, dass Sie es schaffen können. Ob Sie es können oder nicht, Sie haben Recht. Keine Technik der Welt kann Ihr Lernen verbessern, wenn Sie nicht selbst daran glauben, dass Sie wirklich dazu in der Lage sind.

Zusammenfassung

KAPITEL 1. PRINZIPIEN DES SELBSTLERNENS

- Selbstlernen ist ein Ziel, das nicht neu ist. Es ist aber neu, wie möglich und erreichbar es ist. Die Welt liegt uns zu Füßen, dank des Internets, und wir haben heutzutage die Möglichkeit, alles zu lernen, was wir wollen. Traditionelles Lernen hat einige positive Aspekte, aber es schränkt auch unsere Herangehensweise an Bildung und die Art und Weise, wie wir uns bereichern wollen, stark ein. Um dem entgegenzuwirken, müssen wir uns zunächst ein Beispiel an den Autodidakten nehmen und den Unterschied in der Denkweise zwischen Lesen und Wiederkäuen und intellektueller Neugierde verstehen.

- Die Lernerfolgspyramide stellt genau die drei Aspekte des Lernens dar, von denen zwei typischerweise vernachlässigt werden und daher für die meisten Menschen enorme Barrieren darstellen. Erstens: Sie müssen Vertrauen in Ihre Fähigkeit zu lernen haben, sonst werden Sie entmutigt und hoffnungslos. Zweitens müssen Sie in der Lage sein, Ihre Impulse selbst zu regulieren, diszipliniert zu sein und sich zu konzentrieren, wenn es darauf ankommt - Sie können ein Pferd zum Wasser führen, aber Sie können es nicht zum Trinken zwingen. Drittens kommt das Lernen, womit die meisten Menschen beginnen - zu ihrem Nachteil. Lernen ist mehr, als ein Buch in die Hand zu nehmen und zu lesen, zumindest psychologisch gesehen.

- Die Selbstmotivation ist mit der Selbstregulierung verwandt. Sie ist ein wesentlicher Aspekt des Selbstlernens, weil es keinen Lehrer gibt, der Ihnen Strenge aufzwingt – es gibt nur Sie selbst. Sie sind sowohl der Lehrer als auch der Schüler, und das bringt die Aufgabe der Selbstmotivation mit sich.

Es gibt drei Hauptaspekte der intrinsischen Motivation, um sich selbst auf dem Weg zum Ziel des Selbstlernens zu halten: Autonomie, Kompetenz und Zweck/Wirkung. Die intrinsischen Aspekte sind in der Regel viel stärker als das, was man traditionell als motivierend ansehen würde.

KAPITEL 2. INTERAKTION MIT INFORMATIONEN

- Interaktion mit Informationen - mit anderen Worten, wie man etwas, das auf dem Papier und dem Bildschirm ist, versteht und später für sich selbst nutzbar macht. Das ist Lernen in einer Nussschale, aber es gibt bewährte Methoden, die Sie auch außerhalb des traditionellen Klassenzimmers anwenden sollten.
- Die erste ist die SQ3R-Methode. Verwenden Sie sie. Es steht für „Survey, Question, Read, Recite, Review" (zu Deutsch: „Überblick gewinnen, Fragen, Lesen, Wiedergabe, Rückblick"). Dies ist nicht nur ein Verfahren, um ein Buch anzugreifen, sondern vielmehr ein Plan,

221

um ganze Disziplinen und Bereiche anzugreifen - und was auch immer Sie für sich selbst zu lernen versuchen. Die meisten Menschen werden einige Elemente der SQ3R-Methode anwenden, wie z. B. den Lese- und Wiederholungsteil, aber ohne die anderen Elemente ist ein tieferes Verständnis seltener und schwieriger.

- Zweitens: Cornell-Notizen. Verwenden Sie sie. Cornell-Notizen teilen Ihre Notizen in drei Teile auf: Notizen machen, Stichwörter aufschreiben und zusammenfassen. Auf diese Weise erstellen Sie Ihren eigenen Studienführer, mit der Möglichkeit, auf Kommando so detailliert zu werden, wie Sie wollen. Die Tatsache, dass Sie die Informationen dreimal durchgegangen sind, kann auch nicht schaden.

- Zum Schluss: Selbsterklärung. Tun Sie es. Wenn wir gezwungen sind, zu versuchen, uns selbst Konzepte zu erklären, werden wir schnell entdecken, was wir wissen und was wir überhaupt nicht wissen. Diese werden blinde Flecken genannt, und sie sind weitaus häufiger, als Sie vielleicht denken.

Können Sie erklären, warum der Himmel blau ist oder wie die Schwerkraft funktioniert? Wahrscheinlich nicht auf Anhieb, auch wenn Sie glauben, diese Konzepte zu verstehen. Die Feynman-Technik ist ein Ableger der Selbsterklärung, die ebenfalls dabei hilft, blinde Flecken zu finden, mit der zusätzlichen Komponente, eine Analogie zu verwenden, um zu erklären, was Sie zu wissen glauben

KAPITEL 3. SCHNELLER LESEN UND MEHR BEHALTEN

- Dieses Kapitel ist darauf ausgerichtet, Ihnen zu vermitteln, wie Sie schneller lesen und dabei auch noch mehr Informationen behalten können. Das klingt nach einer großen Aufgabe, aber es ist unwahrscheinlich, dass Sie seit dem Lernen des Alphabets viel über das Lesen gelernt haben. Es gibt ein paar wichtige Aspekte, um schneller zu lesen.
- Zunächst müssen Sie Subvokalisationen stoppen. Dies ist, wenn Sie Wörter geistig laut lesen. Sie können schneller

denken und verarbeiten, als Sie laut lesen können. Das bedeutet, dass Sie Wörter nicht laut aussprechen, sondern sich ihre Bedeutung an ihrer Stelle vorstellen müssen. Dies ist eine schwer zu durchbrechende Gewohnheit.

- Zweitens: Sie müssen Ihre Augen trainieren. Immerhin hat jedes Auge sechs Muskeln, die seine Bewegungen steuern. Sie müssen Ihre Augen auf zwei Arten trainieren: sich weniger zu bewegen und mit peripherem Sehen weiter zu schauen.

- Drittens müssen Sie lernen, wie Sie strategisch überfliegen, indem Sie nutzlose Wörter vermeiden, sich auf wichtige Wörter konzentrieren und Wörter am Rand der Seiten ignorieren.

- Schließlich müssen Sie lernen, wie Ihr Fokus und Ihre Aufmerksamkeit in Bezug auf das Lesen funktionieren. Respektieren Sie dies, indem Sie geplante Pausen einlegen, Spiele machen, um schneller zu lesen, und beseitigen Sie Ablenkungen.

- Wie liest man ein Buch? Ein letzter Abschnitt beschreibt die vier Ebenen des Lesens, wie sie der Autor Mortimer

Adler formuliert hat. Die Ebenen sind elementares oder einfaches Lesen, prüfendes Lesen, analytisches Lesen und syntopisches Lesen. Die meisten von uns kommen nur durch die ersten beiden Ebenen. Sie lassen sich nicht auf das Material ein und führen kein Gespräch mit ihm. Das ist der Punkt, an dem tiefes, wahres Verständnis entsteht

KAPITEL 4. FERTIGKEITEN UND GEWOHNHEITEN, UM SICH ALLES SELBST BEIZUBRINGEN

- Es gibt bestimmte Fähigkeiten und Gewohnheiten, die Sie in Ihrem Streben nach Selbstlernen und Selbsterziehung kultivieren müssen. Viele davon rühren von der einfachen Tatsache her, dass Sie sich selbst motivieren müssen, da Sie niemanden haben, der Ihnen Vorschriften macht. Auch hier taucht wieder das Thema auf, dass Sie sowohl Schüler als auch Lehrer sein müssen.
- Erstens sollten Pläne, Zeitpläne und Ziele eine wichtige Rolle in Ihrem Selbstlernprozess spielen. In der Tat sollten sie eines der ersten Dinge sein,

die Sie erstellen - alle drei. Nehmen Sie sich ein Beispiel an Benjamin Franklin (ein großes Beispiel!) und führen Sie einen Tagesplan ein, der Ihre Entscheidungsfindung vereinfacht, sowie einen Plan und Zeitplan für die Erreichung Ihrer Ziele. Stellen Sie sicher, dass Ihre Ziele herausfordernd genug sind, um motivierend zu sein, aber nicht so unerreichbar, dass sie entmutigend wirken. Denken Sie SMART.

- Die Information wird sich Ihnen nicht von selbst einprägen. Sie müssen einen Dialog mit dem ausgewählten Material führen, und mit ihm auf eine Weise interagieren, die das Fehlen eines anregenden Lehrers oder Professors ausgleicht. Sie müssen die Informationen herausziehen. Dies können Sie erreichen, indem Sie kritische und bohrende Fragen stellen - das Ziel ist es, Verständnis, Kontext und Perspektive zu erlangen, und nicht, eine richtige Antwort zu finden. Solange Sie sich auf das übergeordnete Ziel konzentrieren, nämlich eine nuancierte und dreidimensionale Sicht auf ein

Thema zu finden, werden Ihre Fragen gut gelenkt sein.

- Recherche. Man kann nicht einfach in die Bibliothek gehen und ein Buch ausleihen oder Wikipedia konsultieren und dann Feierabend machen. Ähnlich wie beim vorherigen Punkt zur Informationsbeschaffung müssen Sie sicherstellen, dass Sie ein vollständiges und gründliches Verständnis eines Themas durch fünf Schritte finden: Sammeln, Filtern, Muster finden, abweichende Meinungen suchen und alles zusammenfügen.

- Selbstdisziplin ist in hohem Maße erforderlich, denn Selbstlernen ist nicht von Natur aus eine angenehme Angelegenheit. Es ist Arbeit. Und es kann Ängste, Stress und Entmutigung hervorrufen, die letztendlich zum Aufgeben führen. Betrachten Sie Ihre Momente der Angst als zeitweise und vorübergehend. Der Schmerz wird nicht ewig andauern, Sie werden sich entweder daran gewöhnen, oder Sie werden über ihn hinwegkommen. Dies sind alles akzeptable Ergebnisse des gelegentlich schmerzhaften Prozesses, den Sie durchleben müssen.

- Tiefes Lernen und oberflächliches Lernen sind unterschiedlich. Tiefes Lernen entsteht durch das Verstehen von Konzepten und Mustern und ersetzt dann oft die Notwendigkeit des oberflächlichen Lernens. Die gleiche Parallele besteht in Bezug auf den Versuch, etwas auswendig zu lernen, im Gegensatz zum Versuch, es zu verstehen. Wenn Sie einfach Konzepte und Verständnis priorisieren, werden Sie in der Lage sein, die Lücken bestimmter Informationen selbst auszufüllen.

- Bevor Sie selbst lernen können, muss Ihre Denkweise dies ermöglichen. Sie können entweder eine wachstumsorientierte oder eine *fixe* Mentalität haben - erstere erkennt an, dass Wachstum bei ausreichender Anstrengung eintritt (Wachstum=Anstrengung), während letztere glaubt, dass Wachstum nicht mit Anstrengung verknüpft ist, sondern mit Glück/Veranlagung/angeborenen Talent (Wachstum=Glück). Die Wachstumsmentalität ermöglicht es

Ihnen, effektiv zu lernen, weil sie den Glauben vertritt, dass Sie es schaffen können. Ob Sie es können oder nicht, Sie haben Recht. Keine Technik der Welt kann Ihr Lernen verbessern, wenn Sie nicht selbst daran glauben, dass Sie wirklich dazu in der Lage sind